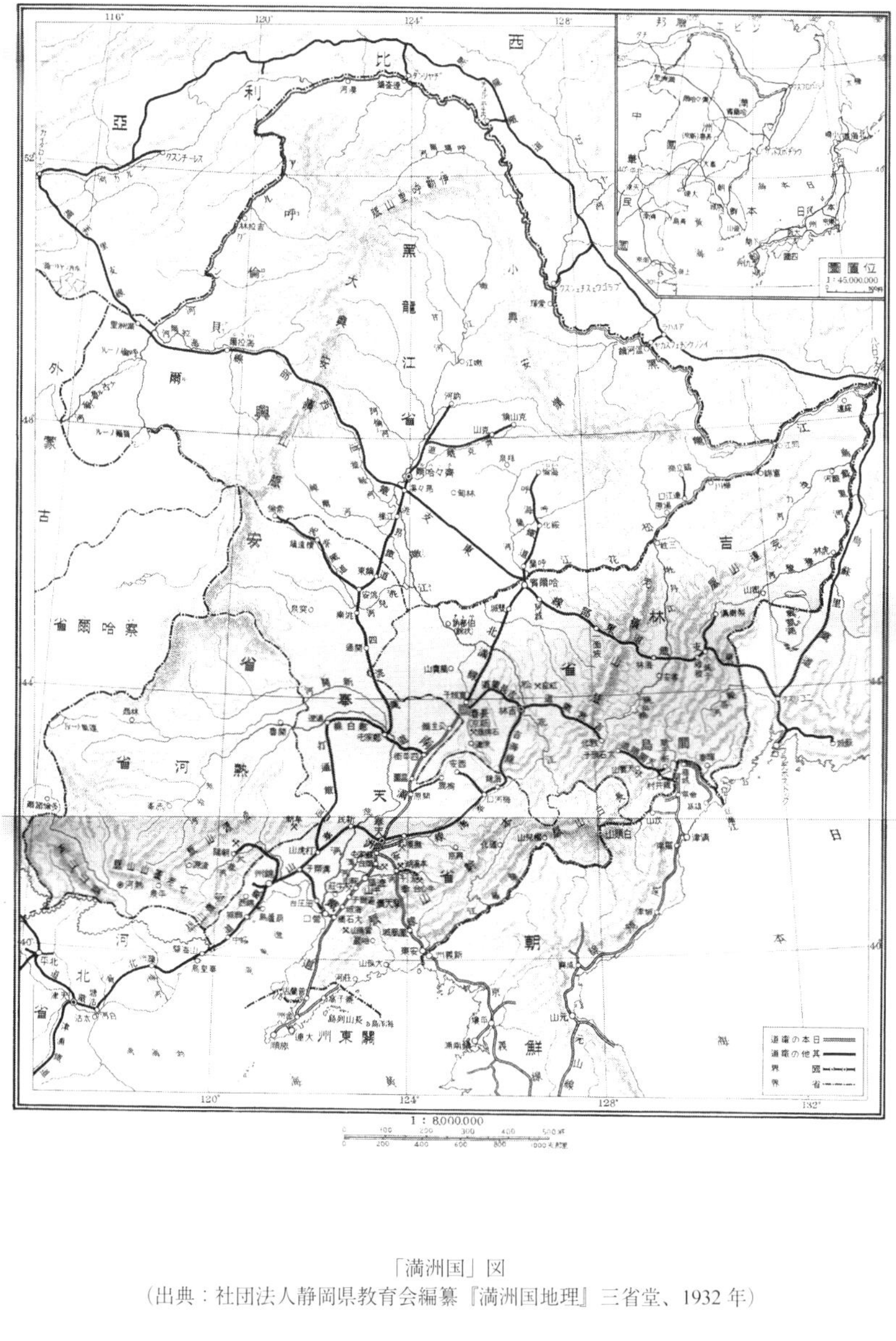

「満洲国」図
（出典：社団法人静岡県教育会編纂『満洲国地理』三省堂、1932 年）

近代日本の植民地教育と「満洲」の運動会

・本文中の引用箇所においては、原則として漢字の旧字体、仮名遣い及び踊り字は資料の原文のままとしましたが、一部旧字体を現在通用する新字体に改めたところもあります。

はじめに

現代の日本で「運動会」と聞いて、「運動会って何?」と尋ねる人はほとんどいないのではないでしょうか。それほど、運動会は主要な学校行事として多くの人に親しまれています。運動会は近代日本の内地だけでなく、植民地においても行われ、現代にも受け継がれている、日本独特の身体文化の一つです。

近代日本の学校教育における運動会はまるで軍事教練*のようでした。そして、軍国主義の名残とも言える集団秩序訓練は集団行動として、特に体育授業や運動会等の体育関連行事を中心に、現在の教育現場にも引き継がれています。なぜ、まるで軍隊のような集団行動が根強く残っているのでしょうか。運動会の団体演技で一糸乱れず演技できるようになるまで何度も練習を繰り返し、多くの時間を費やすのにはどのような意味があるのでしょうか。それは誰のためでしょうか。

かつて高校に非常勤講師として勤めていた頃、運動会間近の附属幼稚園の運動場から強い口調の教諭の声が聞こえて驚いた経験があります。

*軍事教練
　軍事上の訓練。一九二五年四月公布の「陸軍現役将校学校配属令」に基づき、官公立の中学校以上の男子学生・生徒を対象に正課として実施されました。生徒らは兵器の使い方や部隊指揮の方法なども習いました。

「〇〇ちゃん、手が伸びてない」「〇〇くん、間違ってる」「そこ遅い。みんなとそろってない」「もう一回やり直し」

それが、どうやら運動会の団体演技（ダンス）の指導らしいということはすぐにわかりました。そのピリピリした雰囲気は大人の私でさえ怖く感じるほどで、何度も名指しで注意され、やり直しを強いられていた子どもたちの気持ちを思うと、なぜ、このような軍隊的な訓練をするのかという疑問がわきました。運動会だから保護者や来賓にいいところを見せなければと強制的に訓練するのではなく、普段の表現遊びや体育活動の延長・発表の場として、いつも通りのその子らしさを表現できることが理想ではないでしょうか。ダンスには「ダンスセラピー」という領域があり、元来、踊ること、身体で表現することは、子どもたちの内面に鬱積しているものを吐き出し、本来の自分らしさを受け入れてもらえる、子どもたちの心身の解放につながるものです。

筆者が教職に就いた頃から（もうかれこれ三〇年以上前のことですが）、「ダンスセラピー」や「ストレスマネジメント教育」をテーマに研究実践を継続していく中で、「心身の解放」の対極にある「身体規律」を重視する教育現場の現状を無視できなくなりました。そこから「教育」「運動会」「集団行動」の歴史について調べる必要性を感じ、教科書研究の一環として、「運動会」に関する教科書教材を詳細に検証し、日本の植民地教育と「身体文化」について明らかにしようとしてきました。このような身体に集団的な規律を求める教育が根強く重視されている現代の教育現場に疑問を抱いた体験が本書執筆のきっかけの一つとなりました。

1　「運動会」の歴史

スポーツ史・スポーツ社会学者の坂上康博は、「スポーツは、その時点における政治的な文脈のなかで、儀礼的な要素やシンボル、集団的な秩序訓練などと結びつくことによって、国家権力の意志を肉体化する装置ともなりうる」と指摘し、スポーツはどのように国家の戦略のうちに組み込まれ、いかなる政治的な機能を担ったのか、そして、国家の権力装置としてのスポーツの内実とそれが果たした役割について考察しています。

学校行事としての運動会は、「日の丸掲揚」「君が代斉唱」等の天皇制をめぐる身体儀礼と深く関わりました。「ラジオ体操」の実施、「集団秩序訓練」などと結びつく近代日本の運動会台頭の背景には、国家の権力装置としての役割を担った運動会の歴史と文化があります。

それでは、「運動会の歴史」について、詳しく見てみましょう。教育学者の佐藤秀夫の編集による『日本の教育課題』（二〇〇二年）によると、近代日本における「運動会的なるもの」の最初の事例、運動会第一号は、一八七四年東京築地の海軍兵学寮で開催された「競闘遊戯会」（アスレチック・スポーツ）であると言われています。これは、レクリエーション・スポーツ導入と同じ時期に、狭い艦内生活での健康維持と気晴らしとの効果を求めて、すでに英国海軍において採用されていたものと推測されています。

この海軍兵学寮の事例に続いて、学校行事の一種としてレクリエーション性を加味した身体競技会は、一八七八年の札幌農学校における「力芸」が、軍学校以外での運動会第一号です。続いて一八八三年、東京大学・東京大学予備門合同の「陸上競技会」

○コラム・1

運動会と遠足

高等学校の『日本史』教科書の一冊には、「運動会と遠足」について次のように記述されています。

「学校行事としての運動会は、日本独自の学校行事です。その最大の特徴は、個人ではなく赤組や白組という集団の名誉のために、競技や演技で競いあうところにあります。

小学校での運動会は明治時代なかば以降に全国にひろまり、日清戦争のころに主要な学校行事になりました。旗奪い、綱引き、兵式体操、徒手体操、徒競走などの種目がありました。しかし、当時の運動会は、野原や浜辺まで軍隊のように行進して出かけ、他の学校と一緒に運動会をひらくことが普通でした。遠足と運動会の区別はあいまいだったのです。

日露戦争のころになると小学校の就学率が九〇％台に上昇して学校の生徒数も増え、また、学校ごとに校庭が整備されるようになりました。その結果、大正時代には校庭を使用した小学校単独の運動会が一般的になりました。」

（『新日本史A』実教出版）

（アスレチック・スポーツ）などが実施されました。また、一九〇四年発行の小学校総合事典ともいうべき『小学校語彙』の「運動会」（第五編「教授、管理、訓練」第一九章）は、「運動会は如何なる学校に於ても必ず挙行せられ、学校に於ける確定事業の一となるに至れり」との一句から始まっています。一八八〇年代から具体化された運動会が、わずか一五〜二〇年を経たにすぎない一九〇〇年代初頭には、小学校の学校行事として定着したといいます。

競技・スポーツ・遊戯などから仮装行列まで、さまざまな異種の出し物があり、全国どこのレベルの学校でも毎年必ず行われるような「運動会」は、他の国々にあまり例をみないようです。特定種目のスポーツ試合とか、競技会などの例は外国にあったとしても、学校挙げての運動会というのは、近代日本の独特な慣行のようです。

「運動会」に関する先行研究には、運動会の思想や歴史を考察した文献が多数あります。社会学者の吉見俊哉［一九九四］は、「明治期に学校行事として独特の発達を遂げた小中学校の運動会に焦点を当てつつ、近代日本における国民身体の規律・訓練化と地域的な祭りの記憶との矛盾を孕んだ接合過程」を思想的な視点で明らかにしています。佐藤秀夫［二〇〇五b：二二六］が、「今日の運動会は、子ども個々の優劣競争へのカタルシスの場となるか、地域と学校との何らかの交流の場となるか、はたまた国家へと収斂される集団訓練の機会となるか、そのいずれの道を進もうとしているのだろうか」と行く末を案ずる問題提起を残したように、近代日本の教育における運動会をめぐる思想的特質に含まれる今日的課題は、正に、運動会が国家へと収斂される集団訓練の機会となり得ることを、特に、教育に携わる者が認識することであると考えています。

＊1　「運動会」と国家主義・軍国主義

教育学者の山本信良らは、国家主義・軍国主義と運動会や、「天皇制マツリ」としての運動会について、国家意識・戦意高揚、天皇制イデオロギー注入の手段であると考察しています。

＊2　「教科書」と国家主義

唐澤富太郎は、その著書『教科書の歴史』（一九五六年）において「明治以後、教科書は、国家政策推進の一翼という重要な使命を担わせられつつ発展し、特に国定制実施以後の教科書にこの傾向は顕著に見られ、そのピークが一九四一年発行の超国家主義的教科書となって、国民を歪んだパターンにはめ込んでいった。五度にもわたる国定教科書改訂の、そのいずれもが戦争を契機としていることは、国家と教科書の結びつきがいかに密接であったかを物語る」と述べています。

＊3　運動会、及びその関連事項

本書では、学校行事としての「運動会」そのものや「運動会」の種目の他、「運動会」の種目や内容に結びつく日常の授業や遊び、「運動会」をイメージする物等、例えば、「教練」（内容：「集合」「整列」「行進」含む）「たいそ

「運動会」[*1]や「教科書」[*2]が、国家主義・軍国主義と深く結びついていたことは、先行研究により早い時期からすでに指摘されていますが、教科書の中の「運動会」を詳細に検証した研究は見当たりませんでした。

なお、運動会は近代日本の内地だけでなく植民地においても積極的に行われていましたので、本研究では教科書は地域を横断して調査対象としました。また、一科目だけでなく、国語・修身・算術・唱歌等、複数の科目を比較対象にしました。

筆者はこれまで、日本の国定教科書と日本植民地（台湾・朝鮮・南洋群島）教科書における運動会、及びその関連事項[*3]（以下、「運動会」に関する、と記す）の記述・記載を科目、時期区分、対象学年、種目・内容ごとに比較検証しました。特に、「集団秩序訓練」（「教練」・「ラジオ体操」）に関する記述・記載について比較検証、さらに身体規律に着目し、近代教科書にみる身体と近代化について考察しました。

本書では、これらの研究成果を踏まえて、第一に、日本の国定・植民地（台湾・朝鮮・南洋群島）教科書に描かれた運動会について検証します。第二に、「満洲」[*4]の教科書にみる運動会に関する記述・記載について、日本の国定教科書や他の植民地（台湾・朝鮮・南洋群島）教科書と比較検証し、近代日本の学校教育において子どもたちの身体がどのように規律化されてきたのか、戦後も残る規律重視教育の原点を探りたいと思います。

2　なぜ「満洲」か

一九三〇年代「満洲」の日本人向けの教育実践においては、自発性を尊重し主体的な学びを促進する、昨今注目されているアクティブラーニングにもつながるような教育

うごっこ」（内容：教練）「ラジオ体操」等の「集団秩序訓練」「万国旗」等の教材も含みます。

＊4　「満洲」
大森直樹［一九九三］は、「日本の研究者は『満洲国』に「」をつけることで、それが本来の国家の教育ではなく日本による植民地支配下の教育史だったことを表現しようとしている」と説明しています。本書においても、それに倣って「満洲」「満洲国」と表記します。ただし、引用等の関係で一部「」をつけずに表記しているところもあります。

が特定の初等教育の中に見出せます。また、「満洲」における身体教育では、日本内地や他の植民地のような兵式体操や軍事教練を重視した軍国主義的傾向とは違い、現代のオリンピックにもつながるようなスポーツ重視の教育が行われていました。その教育実践について、満洲教育体験者である在満少国民の口述（オーラルヒストリー）・体験記録や教科書等の調査資料を用いて、その実情を明らかにして、現代の教育現場に提示したい、次世代に伝えたいという思いで、本書の執筆を進めます。

一　日本の国定・植民地（台湾・朝鮮・南洋群島）教科書に描かれた運動会

1　本書で扱う教科書とその時期

日本の国定・植民地（台湾・朝鮮・南洋群島）の調査対象教科書（科目）を表1に示しました。日本内地、台湾・朝鮮総督府教科書は、私設教科書総合研究所、*及び玉川大学教育博物館所蔵教科書を**調査し、資料を収集しました。南洋群島教科書は、『南洋群島　国語読本　一～八』（復刻版）より、資料を収集しました。

なお、植民地（台湾・朝鮮・南洋群島）における教育・教科書についての詳細は、植民地教育史ブックレットシリーズの既刊『日本統治下の教科書と台湾の子どもたち』（陳虹彣著）、『日本統治時代・朝鮮の「国語」教科書が教えてくれること』（北川知子著）、『砂糖と移民からみた「南洋群島」の教育史』（小林茂子著）を是非ご参照ください。

日本の国定教科書は、各教科ごとそれぞれ異なる五つの時期区分により分類され、

表1　調査対象教科書（内地・台湾・朝鮮・南洋群島）

	科目
日本の国定（内地）	国語・修身・算術・唱歌
台湾総督府	国語・修身・算術・唱歌
朝鮮総督府	国語・修身・算術・唱歌
南洋群島	国語（内容：修身・地理・歴史・理科含む）

研究されてきました。一口に国定五期の教科書といっても、教科により編纂と発行の経緯が異なるので、その使用年次が（発行年次も）異なっていることに留意する必要があります。しかし、各教科ごとに異なる時期区分を設定するのでは、日本の国内外の教科書の全体像を把握するのに不都合が多くなります。

そこで、国内外の膨大な教科書を整理・分析するため、本書では、日本の国定教科書と植民地（台湾・朝鮮・南洋群島）教科書のすべてを、発行年月日によって、内地の国語教科書の時期区分にもとづき、以下のように分類・検討しました（以下、文中「国定第一〜五期」を簡略に「一〜五期」と記します）。

国定第一期：一九〇四〜一九〇九年
国定第二期：一九一〇〜一九一七年
国定第三期：一九一八〜一九三二年
国定第四期：一九三三〜一九四〇年
国定第五期：一九四一〜一九四六年

一〜五期のうち種目・内容別比較検証の分析は、一九三一年から一九四五年の戦時期に使用された教科書を含んだ三・四・五期を対象としました。なお、国定教科書の対象学年は、義務教育期（尋常小学校一〜六年、国民学校一〜六年）、日本植民地教科書も同様に初等教育期（一〜六年）としました。表2は三〜五期の日本の国定・植民地（台湾・朝鮮・南洋群島）教科書における「運動会」に関する教材種目・内容別比較です。各教科書

＊私設教科書総合研究所（大阪府堺市）
堺市立小学校教諭であった吉岡数子は退職後、堺市立平和と人権資料館展示担当嘱託勤務を経て、一九九七年、退職金を使って私設平和人権子どもセンターを設立しました。その後、二〇〇七年、ミュージアム機能を閉じ、併設教科書資料館の研究機能を教科書総合研究所（北島順子・吉岡数子共同主宰）に移行しました。二〇二二年二月現在、合計約七〇〇〇冊余りの教科書資料を所蔵しています。本書掲載の日本の国定・南洋群島教科書、在満日本人用教科書等の写真は、本研究所所蔵です。キャプションにおいては（S）と表記します。

＊＊玉川大学教育博物館所蔵教科書
本書掲載の台湾・朝鮮教科書の写真は玉川大学教育博物館所蔵です。キャプションにおいては（T）と表記します。

表2　三～五期の日本の国定・植民地教科書における「運動会」に関する教材種目・内容別比較
（上段：例数　下段：掲載頁数等）

	日本の 国定教科書	台湾 教科書	朝鮮 教科書	南洋群島 教科書
教練	6例　※：1 7頁＋1/7行	0	9例　※：3 約13頁	5例 約14頁＋3/8行
ラジオ体操・体操	6例　※：1 約7頁	3例　※：1 約4頁	8例　※：2 約8頁	0
かけっこ	12例　※：5 約22頁	2例　※：1 1頁＋1/4	15例　※：7 約15頁半	5例　※：1 8頁＋6/8行
綱引き	4例　※：2 約3頁半	1例　※：1 2頁	2例 5頁＋2/8行	2例　※：2 6頁
玉入れ、だるまおとし、 大玉・だるまおくり	2例　※：1 4頁	1例　※：1 3頁	5例　※：:2 約8頁半	0
遊戯	0	1例 2頁	0	0
騎馬戦	1例　※：1	0	6例　※：:2	0
帽子取り	3/14行		約6頁半	
旗取り	1例　※：1	0	5例　※：2	0
旗送り	3/14行		約1頁半	
運動会の歌	1例　※：1 2頁	2例 5頁＋1/8行	2例 4頁	2例 3頁
朝会（朝礼）	0	1例	0	1例
（開会式）		2頁		3頁＋2/8行
万国旗	5例　※※：4 1頁（1例分）	2例　※※：2	3例　※※：3	3例　※※：3
その他	1例 5頁	0	2例 約7頁半	0
冊数　合計	19	8	27	10
教材数　合計	30	10	48例	15
例数　合計	39例	13例	60例	18例
頁数　合計	約52頁	約19頁＋1/3	約69頁半	35頁＋3/8行

※：他種目・内容と同教材の数。　※※：他種目・内容に含まれる数。

の冊数・教材数・頁数の合計を比較すると、朝鮮教科書が最も多く、次に国定教科書、続いて南洋群島教科書、台湾教科書が最も少ない結果でした。

2　集団行動のはじまり

一八八六年、初代文部大臣の森有礼《もりありのり》は兵式体操を学校に課しました。教練は、兵式体操で教授されていた「体操教範」と「歩兵操典」のうち、集団秩序訓練を目的とした「歩兵操典」を教授する領域として、一九一三年の「学校体操教授要目」から設けられました。つまり、教練とは明治期まで行われていた普通体操と兵式体操のそれぞれにあった体操準備あるいは運動準備などと呼ばれた秩序運動と歩兵操典の軍事教練を総称したものでした。教練は、「軍人精神」の基礎としての「忠君愛国」イデオロギーの注入、つまり命を棄てても規律を守る軍隊的精神を養うことを目指したものであったといわれています〔西尾　一九九四：五六―五七〕。

一九二五年五月には陸軍省軍務局が『学校教練振作の指針』を発行し、学校体操科授業に配当されてきた教練は、一九四五年、敗戦により廃止*されました。一九四六年に出された「秩序運動、行進、徒手体操の実施ニ関スル件」という通牒には以下のように書かれています。

必要な命令、号令、指示、例えば〝気を付け〟〝休め〟〝右（左）向〟〝廻れ右〟〝整頓〟〝番号〟等は最小限度に止め且軍事的な色彩がなく愉快な気持を与えるように行うならばさしつかえない。しかし、それ自体を反覆訓練することは避けねばならない。

＊教練の廃止
「学校体錬科関係事項の処理徹底に関する件」（一九四五年一二月二六日）では、「学校の内外を問わず軍事教練的色彩を一掃すること」「教練用銃兵器類の処理に遺憾なきを期すること」「学校又は付属施設で武道を実施せしめざること」が挙げられています〔石橋・佐藤　一九六六〕。

［竹之下・岸野 一九八三］

敗戦後、このような通達によって教練は廃止されましたが、果たして実際このような指示を愉快な気持を与えるように行うことができるでしょうか。現代の教育現場においては、集団行動の反復訓練の実施はなくなることなく、根強く残っています。木下秀明はこのような「集団行動のはじまり」について、以下のように説明しています。

この集団行動の形骸化は東京オリンピックを目前に鮮明となる。一九六四年五月二五日の朝日記事「復活する〝気をつけ〟〝休め〟文部省で集団行動の統一スタイル」は、一九五八年以来の集団行動が各府県バラバラで、現場は「集合の時もダラダラしていて規律ある集団行動ができない」状態にあったが、これを「昨年十月に開かれたスポーツの日の東京会場」で目にした灘尾文部大臣が、「『だらしないな……』とつぶやいたという」。その直後の一九六三年一一月に「集団行動指導の手引き委員会」が、そのまとめを翌一九六四年七月と予定して草案に漕ぎ着けたのである。［木下 二〇一五］

このように、敗戦後、廃止されたはずの教練は、戦後、「集団行動」と名前を変えて、復活しました。* その復活の理由は、「子どもの教育」の視点に立ったものではなく、「儀式上の集団美」の観点からでした。

戦前教育にたいする批判として、山住正己は一九四一年発行の国定教科書『ヨミカ

＊教練の復活
その後、一九八七年三月に『体育（保健体育）科における集団行動指導の手引』が刊行、一九九三年一〇月に『学校体育実技指導資料 第五集 体育（保健体育）における集団行動指導の手引（改訂版）』［文部省 一九九三］が刊行され、集団行動の指導法が徹底されています。

図1 五期『ヨミカタ 一』文部省 一九四一年（S）

タ一』（図1）の教材について、以下のように指摘しています。

　四、五頁の行進はどうであろうか。ピッピッと教師の吹く笛に合わせて列を正し腿を上げて歩くのである。些細なことのようではあるが、こうして帝国主義的な軍国主義的な訓練が始まるのだ。教師の笛につれて教師の思うままになる子どもたちは、去勢され形ばかりが整えられ、個性もなければ独創性も失われる。この頁は絶対に排除さるべきであろう（中略）兵隊とか軍艦などという軍事に関係のあることばや絵を抹殺すればそれでいいというわけではない。軍国主義や帝国主義のちょっとした断片が教科書のいたるところにのこっていたのである。［山住　一九七〇］

『ヨミカタ一』の教材の他、一九四一年発行の『ヨイコドモ上』（図2）には、先生の合図で走って集合する子どもたちを描いた絵教材があります。また、一九三五年発行の『尋常小学算術第一学年児童用上』には、「へいたいごっこ」の挿絵があり、一九四一年発行の『ヨミカタ一』（図3）には、「へいたいごっこ」の内容が扱われています。

　このように、山住の指摘同様、国定教科書の中には、「行進」「集合」「へいたいごっこ」（集団秩序訓練）が国語・修身教科書の教材として扱われ、算数教科書教材の中にも、

図2　五期『ヨイコドモ上』文部省　一九四一年（S）

図3　五期『ヨミカタ一』文部省　一九四一年（S）

「へいたいごっこ」の挿絵が登場していました。

3　植民地（台湾・朝鮮・南洋群島）における教練

台湾の『公学校各科教授法全』*によると、体操科の教材は（一）体操、（二）教練、（三）遊戯、（四）戸外運動、（五）運動生理の初歩であるとし、教練について「体操に比べると一層規律的の動作で身体的方面よりも精神的方面に重きをおいてある。規律を守り協同を学ぶことや機敏な動作、剛毅堅忍の修練を積むに最も適したものである。教練は各個教練から小隊教練まで課すればよい」と説明されています。

このように、台湾の体操科教材として、体操に次いで二番目に教練が挙げられていますが、「体操に比べると一層規律的の動作で身体的方面よりも精神的方面に重きをおいてある」という文言の意向に沿うように、台湾教科書には、現在のところ「教練」に関する教材は見当たりませんでした。

朝鮮教科書では、二期（一九一二年発行）の『普通学校国語読本巻一』（図4）の中に、休み時間が終わった後、「セイト　ガ　ナランデ　ハイリマス。」と整列・行進を促す教練につながる内容の教材があります。

三期（一九二三年発行）の『普通学校国語読本巻六』に掲載された「第十二　弟のたいそう」は、毎日学校の体操を見に行く六歳の弟が、帰って来ては、「前へ進め。」「ぜんたい止れ。」「手を横にあげ――あげ。」「一二。」「一二。」と、真似をして、間違えながら一生けんめいけいこをしている姿を、「弟のたいそうには誰でも笑わされます。」とあたたかく見守る兄とのなごやかな家庭での様子が三頁強にわたって扱われています。

＊『公学校各科教授法全』
そのほか体操科教授の要旨として、身体的方面においては、（一）身体各部の均斉なる発育、（二）動作の機敏、精神的方面においては、（一）快活剛毅の精神、（二）規律協同の良習慣などが示されています。規律協同の良習慣とは、「師長の命に服従し道徳的自治の修練を積むには規律を守ることが必要である」と説明されています。

○コラム・2

「タイソウゴッコ」

先に紹介した北川知子は、一九二三年発行の教材「十一　タイソウゴッコ」について、以下のように分析しています。

編纂趣意書には「学校生活に慣れてきた児童は、自分等の日々の生活を遊戯に移して学校ごっこなどをはじめるものである」と述べられているが、どちらかといえば、こういう遊び方もあると児童に示唆することで、日本語を用いたごっこ遊びを誘導する意図があったと考える方が自然であろう。［北川　二〇〇四］

三期（一九二三年発行・図5）、三期（一九三〇年発行・図6）の『普通学校国語読本巻二』の中にも、「タイソウゴッコ」の教材が登場しています。タイトルに「タイソウ」とありますが、前述の「弟のたいそう」と同様、内容は体操科教材の中の教練です。「タイソウゴッコ」の教材の内容を見ると、図5では、「タイソウゴッコ　ヲ　シテ　アソビマショウ」から本文が始まるのに対し、図6では、「遊び」を削除し、「タイソウゴッコ　ヲ　シマショウ」に変わっているのは、戦時体制に向かう時代背景が影響しているものと考えられます。

同様に、体操教材を用いたごっこ遊びの中で「集団秩序訓練」を浸透させる意図が窺えます。例えば、一九二五年に朝鮮総督府が出した『普通学校国語読本巻二編纂趣意書』に、「耳より学んだ語は時に不正確であるから、教授者は之を整理するつもりで取扱ふがよい」とあるように、体操の授業時に身体を通して学んだ号令「キ　ヲ　ツケ」「マエ　へ　ナラへ」「ナオレ」「マエ　へ　ススメ」を、国語教科書で日本語の文字を通して学ぶことにより、定着の効果が高まったであろうと考えられます（図7・図8）。「タイソウゴッコ」で扱われた教練の内容は、体操と国語がタッグを組んで教育されていました。

四期（一九三九年発行）の『初等国語読本巻一』には、「カン、カン、カン、カネ　ガ　ナリマス。ハジメ　ノ　カ

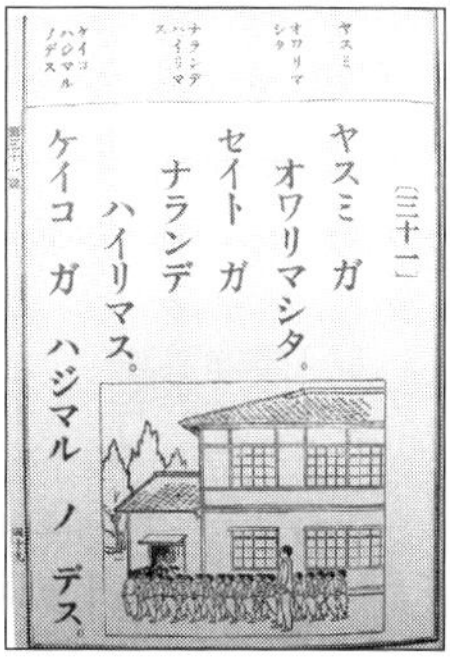

三十一
ヤスミ　ガ
オワリマシタ。
セイト　ガ
ナランデ
ハイリマス。
ケイコ　ガ　ハジマル　ノ　デス。

図4　二期『普通学校国語読本巻一』朝鮮総督府　一九一二年（T）

カゼ　フイタ　カアサカサ。
ニゲダシテ　子リス、
オカアサン　ノ　オチチ　ニ
トリツイタ。
十一　タイソウゴッコ
「タイソウゴッコ　ヲ　シテ
アソビマショウ。」

「キ　ヲ　ツケ。」

「マエ　へ　ナラエ。」

「ナオレ。」

「マエ　へ　ススメ。」

図5　三期『普通学校国語読本巻二』朝鮮総督府　一九二三年（T）

ウ　ゴウ。
カミナリ　ノ　ヨウナ　オト　ガ
シマス。
ナガイ　キシャ　デス。人　ガ　オ
ウゼイ　ノッテ　イマス。
三　タイソウゴッコ
「タイソウゴッコ　ヲ　シマショウ。」

「キ　ヲ　ツケ。」

「マエ　ニ　ナラエ。」

「ナオレ。」

「マエ　へ　ススメ。」

「一、二、一、二。」

「カケアシ　ススメ。」

図6　三期『普通学校国語読本巻二』朝鮮総督府　一九三〇年（T）

ネ　デス。『サア、アツマリマセウ。』」と、「教練（集合・整列）」の内容の挿絵付き教材が掲載されています。この教材の次頁には挿絵付きの体操教材が続きます。

また、四期（一九二七年発行）の『初等算術第一学年児童用上』『普通学校算術第一学年児童用上』に掲載された絵教材は、二頁にわたり一～五までの順番の旗を持った生徒たちが描かれた「かけっこ」の挿絵の上に、「気をつけ」の姿勢で整列している一〇人の生徒たちの挿絵があります。算術の教材で「教練（整列）」の挿絵が登場する点は、四期一九三六年発行の国定教科書『尋常小学算術第一学年児童用下』に掲載された教材と類似しています。

五期（一九四二年発行）の朝鮮教科書『ヨミカタ一ネン上』にも、教練に関する教材が二例登場します。一例は、ラジオ体操教材の前頁に、「……ハヤク、アツマリマセウ」という本文と挿絵付きの集合・整列を促す教材です。図9では、一年生の教材の中で「ゲンキデ　タイサウ、一、二、三　コクミンガクカウ　イチネンセイ」という本文の挿絵として、旗を持つ教師の笛に合わせ一糸乱れず行進する子どもたちの様子が描かれており、この「集団秩序訓練」の情景は入学直後の子どもの目にしっかりとやき

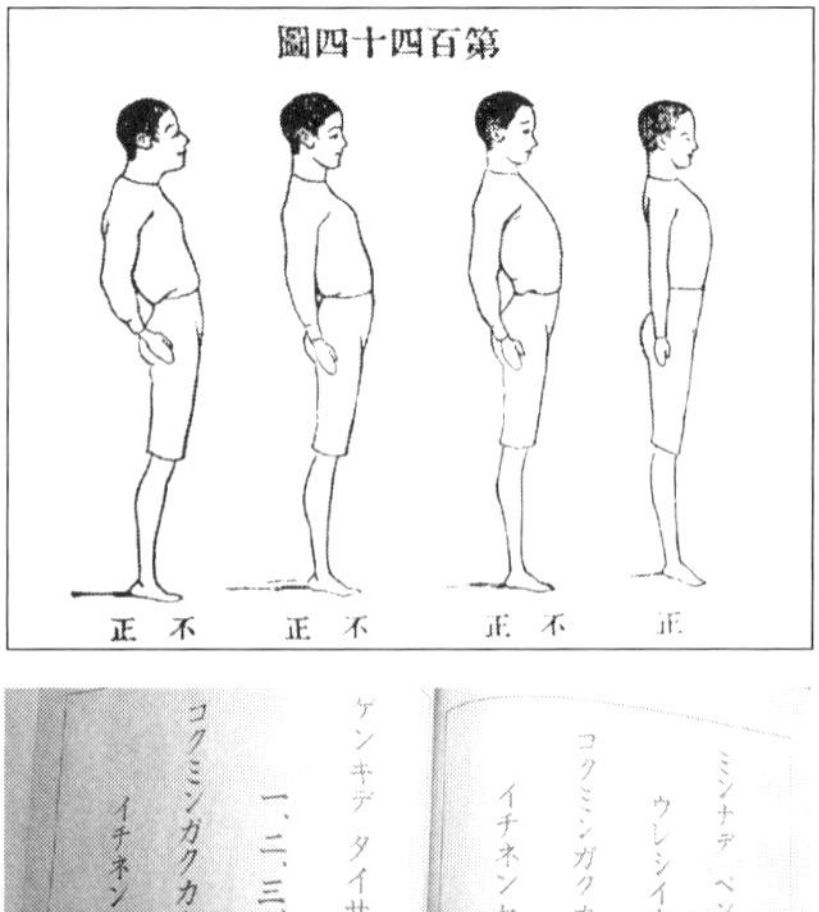
第百四十四圖
不正
不正
不正
正
図7　気をつけ　小学校普通学校体操教授書　全朝鮮総督府　一九二四年（S）

ミンナデ　ベンキャウ
ウレシイナ。
コクミンガクカウ
イチネンセイ。
ゲンキデ　タイサウ、
一、二、三。
コクミンガクカウ
イチネンセイ。
図9　五期『ヨミカタ一ネン上』朝鮮総督府　一九四二年（T）

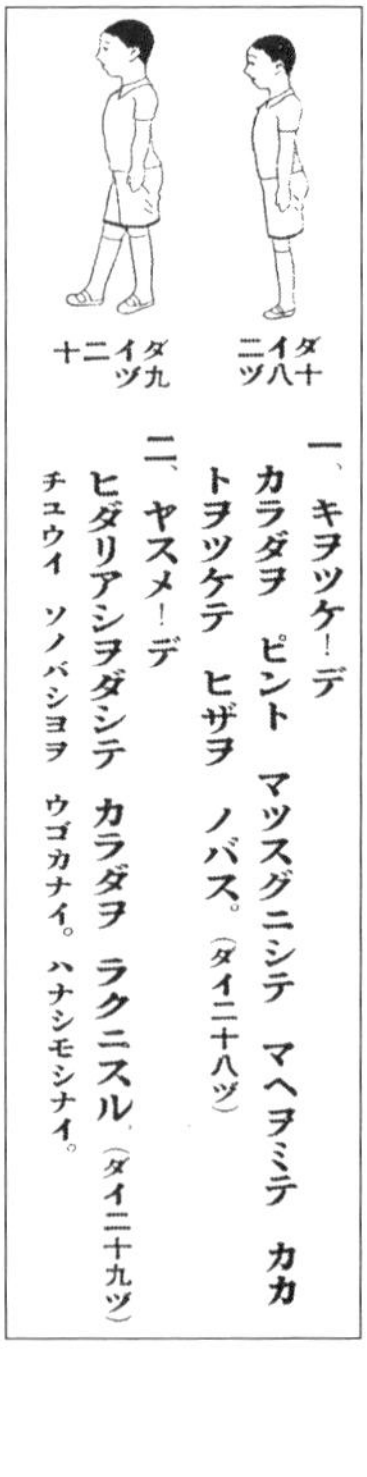
ダイ二十八ヅ
ダイ二十九ヅ
一、キヲツケ！デ
カラダヲ　ピント　マツスグニシテ　マヘヲミテ　カカトヲツケテ　ヒザヲ　ノバス。（ダイ二十八ヅ）
二、ヤスメ！デ
ヒダリアシヲダシテ　カラダヲ　ラクニスル。（ダイ二十九ヅ）
チユウイ　ソノバシヨヲ　ウゴカナイ。ハナシモシナイ。
図8『小学校体操読本尋常一年用』文部省体育課　一九三〇年（S）

ついたことでしょう。

　植民地教育史学者の西尾達雄は、著書『日本植民地下朝鮮における学校体育政策』（二〇〇三年）で、「規律的訓練と教練教材」について、一九一四年の学校体操教授要目で示された「教練」は、日本で実施されていたそれ以前の兵式体操よりも軍事的には後退したものであり、「教練」に配当されている執銃各個教練や部隊教練の一部は、実践的な戦闘教練の基礎としての集団秩序運動に重点を置くものであり、その内容は「体操の集団一斉指導上必要な〝気をつけ〟〝右へならえ〟の類で教練の強化とは言えない」ものであったことを挙げています。さらに、日本植民地下朝鮮における学校体育の中の「教練」について、朝鮮人に学校教練が実施されるのは一九三一年九月二六日で、このときも朝鮮人に教練をさせ、兵力としてきちんと位置づけて教練していたのでは決してなく、一番の目的は戦時体制下、教練の目的は軍事知識を教えることよりも、軍人精神を育てることであったと指摘しています〔西尾　一九九五：一二二〕。

　このように、日本植民地下朝鮮における学校体育政策における「教練」の特徴を考慮すると、朝鮮教科書の中の「教練」に関する教材は、「タイソウゴッコ」のような「集団秩序訓練」に関する教材が中心であったことが理解できます。

　南洋群島教科書の中の「教練」に関する教材としては、「タイソウゴッコ」の教材が

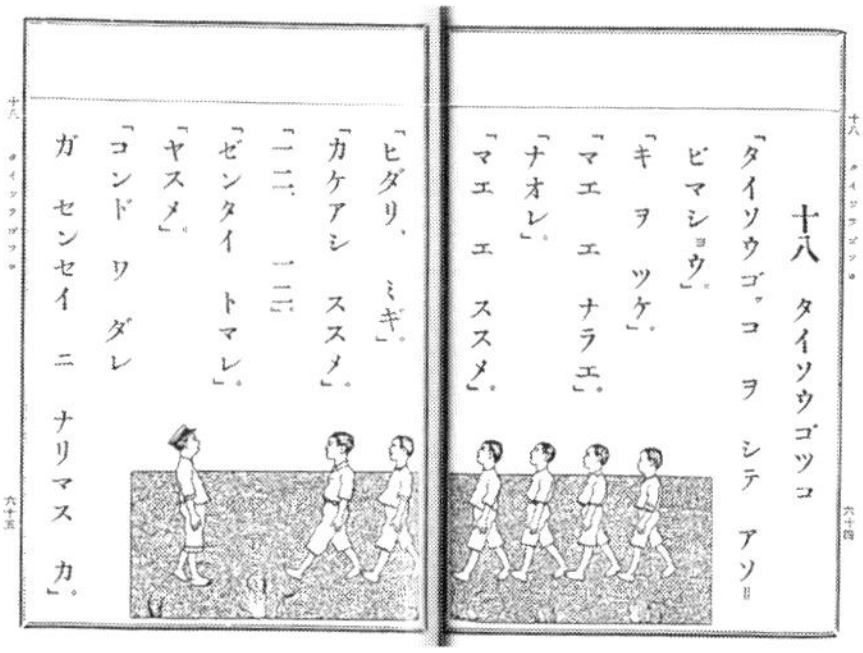
十八　タイソウゴッコ
「タイソウゴッコ　ヲ　シテ　アソビマショウ。」

「キ　ヲ　ツケ。」

「ナオレ。」

「マエ　エ　ナラエ。」

「マエ　エ　ススメ。」

「ヒダリ、ミギ。」

「カケアシ　ススメ。」

「一二、一二。」

「ゼンタイ　トマレ。」

「ヤスメ。」

「コンド　ワ　ダレ　ガ　センセイ　ニ　ナリマス　カ。」

図10　三期・第二次『南洋群島国語読本本科用巻二』南洋庁　一九二五年（S）

十　タイソウゴッコ
「タイソウゴッコ　ヲ　シマショウ。」

「キ　ヲ　ツケ。」

「マエ　ヘ　ナラエ。」

「ナオレ。」

「マエ　ヘ　ススメ。」

「左　右、左　右。」

「カケアシ　ススメ。」

「一二、一二。」

「ゼンタイ　トマレ。」

「ヤスメ。」

「コンド　ハ　ダレ　ガ　先生　ニ　ナリマス　カ。」

図11　三期・第三次『南洋群島国語読本本科用巻二』南洋庁　一九三二年（S）

「カケアシ　ススメ。」

「一二、一二。」

「ゼンタイ　トマレ。」

「ヤスメ。」

「コンド　ハ、ダレ　ガ　センセイ　ニ　ナリマス　カ。」

図12　四期・第四次『南洋群島公学校本科国語読本巻二』南洋庁　一九三七年（S）

第二・三・四次と同じ内容で登場し、時期が進むにつれ、挿絵のみが差し替えられています。この教材は、一九二三年朝鮮総督府発行『普通学校国語読本巻二』に掲載された教材の転載です。三つの教材の挿絵を比較すると、一九二五年、第二次（図10）が「一糸乱れず行進。一見、最も規律的」、一九三二年、第三次（図11）が「一糸乱れず行進。南洋群島らしい背景に変わり」、一九三七年、第四次（図12）が「一糸乱れずではない。よそ見」をしています。編纂趣意書の中の挿絵に関する記述を見ると、第二次は「実物と相違して居る挿絵を修正すること」、第三次は「挿絵ハ可成群島ノ事情ニ重キヲ置キ、力メテ児童ノ心理及島民ノ日常生活ニ適合セシムルコトトセリ」、第四次は、「可成明瞭優美ニシテ児童ノ趣味ニ適合シ、文章ノ理解ヲ加クルニ足ル様揮毫《きごう》セリ」とあり、この挿絵の変遷は、この趣意を反映しています。

4「ナンバ歩き」から「近代的歩行法」へ

皆さんは「ナンバ」という歩き方を聞いたことがありますか?「ナンバ」は「南蛮」と書き、右足を前に出す時に右手、左足を出す時には左手を出すようにして歩く歩き方を指します。演出家の武智鉄二《たけちてつじ》は、日本人ナンバ歩行説を唱え、近代以前の絵に描かれた日本人の歩行がナンバであるのは、その証拠であると考えました。日本人ナンバ歩行説を容認する文献が多数ある一方で、日本

手ナンカアゲテ
トユウト、
「學校《ガッコウ》ノ生徒《セイト》ワ
ミンナコウスル」
トイッテ、イバッテ
イマス、
「手ヲヨコニア
ゲーアゲ」
トイッテワ、フトッタ手ヲヨコニ
アゲマス、
「一二、一二」
ト呼唱ヲツズケテイクウチニ、ヨ
コバカリデワナクテ、上ニアゲタリ、
マエニダシタリシマス、
「メチャメチャダネ」
トユウト、

図13　三期・第二次『南洋群島国語読本本科用巻二』南洋庁　一九二五年（S）

とゆうと、

「學校の生徒はみんなこうする」。

と言って、いばっています。

「手を横にあげ……あげ」。

と言っては、太った手を横にあげます。

「一二、一二」。

と呼唱をつゞけて行く中に、横ばかりでは
なくて、上にあげたり、前に出したりします。

「めちゃめちゃだね」。

とゆうと、

「生徒はみんなこうする」。

と言って聞きません。

「足ふみ進め」。

と言っては、「前へ進め」

と同じように歩いて

図14　三期・第二次『南洋群島国語読本本科用巻五』南洋庁　一九三二年（S）

人ナンバ歩行説を否定する説もあります。古代から今日まで世界各地の絵にナンバは現れ、日本だけではない証拠を示し、古い絵にナンバ歩行が描かれたのは、実写ではなく、画家の美的デフォルメと理解した方がよいという考えです〔寒川　二〇一七：五六―五七〕。

スポーツ史を専門とする松浪稔は「身体の近代化」に着目し、「ナンバ」が広く日本人の所作だったという資料はないとしますが、ただ、行進する、腕を振って走るという動作、集合する、時間を守るといった規律的行動が、軍や工場の担い手になっていく農民たちにとって困難だったのは確からしいと言います〔松浪　二〇一〇〕。

歩き方に着目すると、一九二五年発行第二次の教材は「ナンバ歩き」、一九三二年発行第三次の教材は「近代的歩行法」、一九三七年発行第四次の教材は「近代的歩行法（腿上げ行進）」に変わっています。また、一九二五年発行第二次『南洋群島国語読本本科用巻三』、一九三二年発行第三次の『南洋群島国語読本本科用巻五』には、「弟の体操」を掲載しています（図13・14）。この教材は、三期一九二三年発行の朝鮮教科書『普通学校国語読本巻六』に掲載された「第十二　弟のたいそう」の転載です。巻三がカタカナ、巻五がひらがな表記ですが、内容は同一です。この教材は挿絵のみが、第二次の教材（図13）は「ナンバ歩き」、第三次の教材（図14）は「近代的歩行法（腿上げ行進）」に変わっています。

身分と職業が対応していた前近代の社会では、各身分・職業に固有の身体と身振りがあり、武士と農民では姿勢も歩き方も異なっていたという説があります。農民は「ナンバ歩き」で、武士たちも隊列を組んでの整然とした行進ができなかったそうです。明治の学校体育は、近代軍隊の兵士や近代的産業の労働者にふさわしい身体に国民を

○コラム・3　身体の近代化

松浪稔〔二〇一三：一六四〕は、「近代的身体の形成は、軍隊や教育現場でも重要な課題として認識され、さらに少年雑誌をはじめとした情報媒体（メディア）においても、兵隊として『優秀』な身体が理想の身体であることが提示された」とし、「こうして、近代化を支える身体、つまり、国家の独立を支える日本国民としての身体が形成された」と説明し、兵士の身体規律と教育との関係を指摘しています。

近代化と身体をめぐっては同様の指摘が共有されている感があり、体育学・スポーツ史の佐々木浩雄〔二〇一三：二二八―二二九〕も、「『富国強兵』『殖産興業』」を掲げた明治国家の政策のなかで、国民の体力向上や規律訓練による身体の近代化は重要な課題であった。体操はこのような国家的要求にもとづいて軍隊や学校へ導入された」と述べ、「体操への社会的関心は、国民の健康維持や体力向上に対する国家的要求を背景としながら、ラジオ体操の普及……などの体操のデモンストレーションによって喚起されたところが少なくなかった」と指摘しています。

作りかえる使命を担っていました。それは身体感覚の改変まで伴うものでした。軍隊の行軍を想定した遠足や修学旅行、運動会等の学校行事は、こうした国民の身体改変の意図と無縁ではなかったと言います〔辻本　二〇〇七〕。

また、稲垣正浩は、「ナンバ歩き」に代わる「軍隊式歩行法」を「近代的歩行法」と呼び、「近代的歩行法」が、国民の身体を国家管理のもとに位置づける上で大きな役割を果たしたことを指摘しています。内地において、国家が日本国民を、近代以前の日本人の身体所作であった「ナンバ歩き」から、近代的な軍隊や組織的な集団行動に向く行進可能な身体へと矯正したように、南洋群島の学校現場においても、規律的で命令に従順な近代的な身体へと島民を矯正する役割を担う、集団秩序訓練が扱われていました。

南洋群島教科書が、編纂次を追うごとに、児童に受け入れられやすいイメージの挿絵へと変わっていく一方、教材内容は軍国主義的な要素を含みながら変遷していったという点は、日本内地の教科書が、三期、児童中心主義の採用により、四期、五期と時期が進むにつれ、児童の生活や発達段階を考慮し、より一層、児童心理を重視した教科書が編纂される一方で、図3（一三頁）のような、国家主義・軍国主義的な教材が増加していったことと共通しています。

5　ラジオ体操・体操

国定教科書では、一九三五年発行の『新訂尋常小学唱歌第二学年用』（図15）に掲載されたラジオ体操の歌と、一九四一年発行の『ヨミカタ一』（図16）に掲載されたラジオ体操の挿絵がありました。「ラジオ体操・体操」に関する教材が、日本の国定教科書だけ

図15　四期『新訂尋常小学唱歌第二学年用』文部省　一九三五年（S）

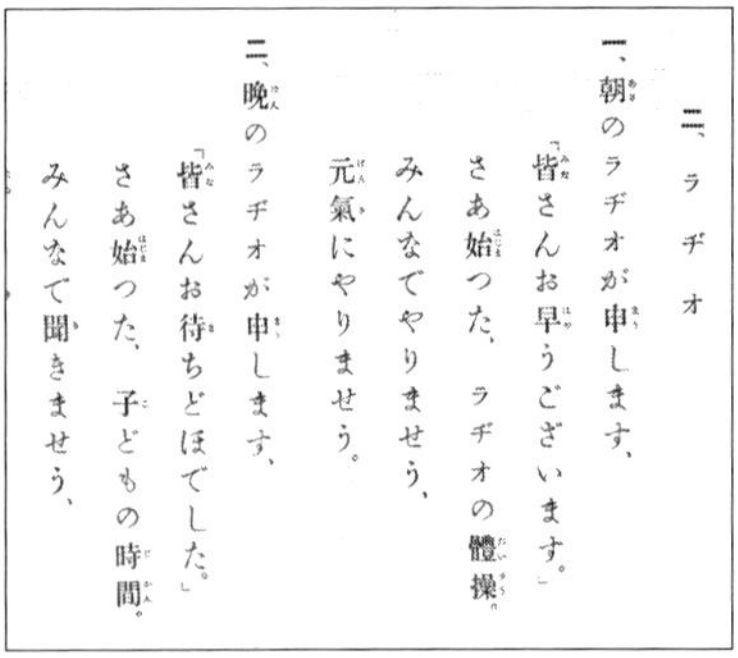

でなく、日本植民地教科書においても、南洋群島を除く台湾・朝鮮教科書の中で扱われていたことが確認できました。

台湾教科書では、二期一九一二年発行の『台湾教科用書　国民読本巻一』（図17）には、「アニガ、タイソオヲ　シテイマス。オトオトガ、ソレヲミテイマス」という記述と挿絵が登場します。

三期一九二八年発行の『公学校修身書第一種児童用巻二』に掲載された「七　カラダヲタイセツニセヨ」（図18）の教材に、「……アサ　ハ　ハヤク　オキテ　タイサウ　ヲスル　コト　ニ　シマシタ。……」という挿絵付きの記述・記載があります。

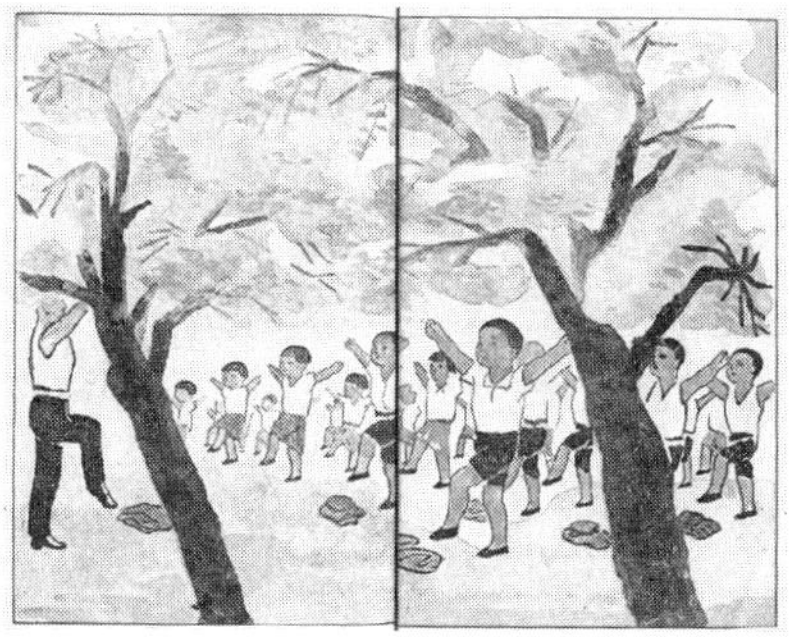

図16　五期『ヨミカタ一』文部省　一九四一年（S）

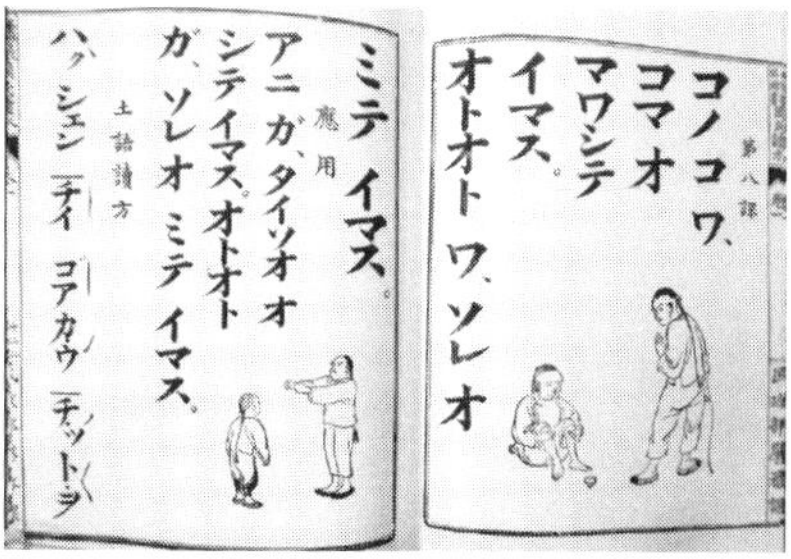
第八課
コノコワ、コマオ マワシテ イマス。オトオト ワ、ソレオ ミテ イマス。
應用
アニガ、タイソオオ シテイマス。オトオトガ、ソレオ ミテ イマス。
土話讀方

図17　二期『台湾教科用書国民読本巻二』台湾総督府　一九一二年（T）

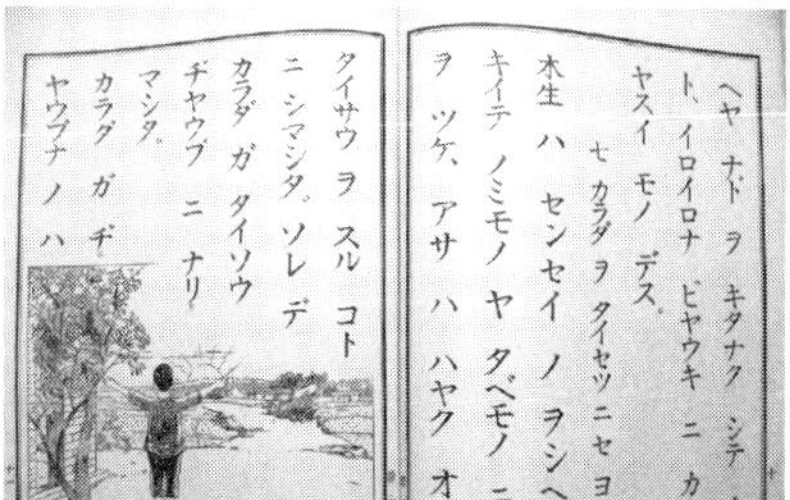
ヘヤ　ナド　ヲ　キタナク　シテ　オル
ト、イロイロナ　ビヤウキ　ニ　カカリ
ヤスイ　モノ　デス。
七　カラダ　ヲ　タイセツ　ニ　セヨ
木生　ハ　センセイ　ノ　ヲシヘ　ヲ
キイテ　ノミモノ　ヤ　タベモノ　ニ　キ
ヲ　ツケ、アサ　ハ　ハヤク　オキテ
タイサウ　ヲ　スル　コト
ニ　シマシタ。ソレ　デ
カラダ　ガ　タイソウ
ヂヤウブ　ニ　ナリ
マシタ。

図18　三期『公学校修身書巻二　第一種児童用』台湾総督府一九二八年（T）

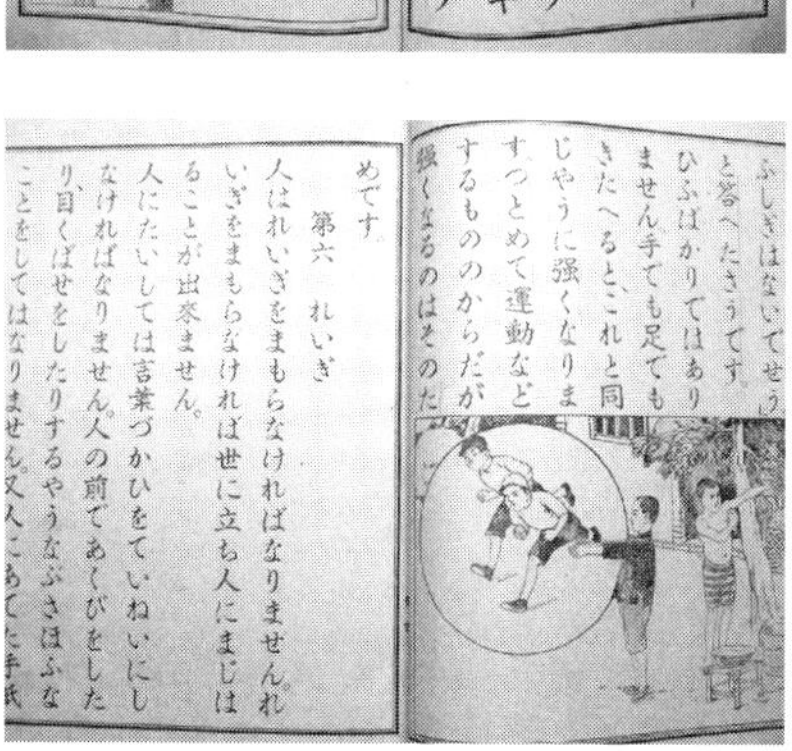
ふしぎはないでせう
と答へたさうです。
ひふばかりではあり
ません手でも足でも
きたへるとこれと同
じやうに強くなりま
す。つとめて運動など
するものゝからだが
強くなるのはそのた
めです。
第六　れいぎ
人はれいぎをまもらなければなりません。れ
いぎをまもらなければ世に立ち人にまじは
ることが出來ません。
人にたいしては言葉づかひをていねいにし
なければなりません。人の前であくびをした
り目くばせをしたりするやうなぶさほうな
ことをしてはなりません。又人にあてた手紙

図19　三期『公学校修身書巻四　児童用』台湾総督府　一九二九年（T）

三期一九二九年発行の『公学校修身書第一種児童用巻四』に掲載された「第五　カラダヲキタエヨ」（図19）の教材には、「かけっこ」と「体操」の挿絵がありました。五期一九四二年発行の『コクゴ二』には、「ラジオ体操」そのものの内容が二頁にわたり扱われています。

『公学校各科教授法全』によると、「体操は一定の命令規律の下に動作をして身体各部の均斉なる発育を助成するものである。矯正に始って鍛錬に移る。而して端正なる姿勢を作り上げ動作の機敏熟練を求めるものであって、公学校体操科の中心をなす教材である」と説明されています。

台湾教科書では、すでに戦争体制に入っていた四期、五期だけでなく、体操教材が二期・三期にも登場しています。ラジオ体操がＮＨＫラジオで放送開始したのが、一九二八年一一月一日であることから、上記図17・18の教材は、ラジオ体操普及以前から、体操が重視されていたことがわかります。

朝鮮教科書では、二期一九一二年発行の『普通学校国語読本巻一』（図20）には、「イマ　タイソウ　ヲ　シテ　イマス。マッスグニ　タッテ、マエ　ヲ　ミテ　イマス。ウシロ　ヲ　ミマセン。ワキ　モ　ミマセン。……」という規律的な本文と挿絵の「体操」教材があります。

四期一九三七年発行の『初等算術第二学年児童用上』『普通学校算術第二学年児童用上』に掲載された「ウンドウカイ」（内容・体操・かけっこ・旗取り・騎馬戦）の教材は、「ツギ　ノ　オハナシ　デ、モンダイ　ヲ　ツクッテ　ゴラン　ナサイ」、……「ミンナガ、ウンドウジョウ　デ　タイソウ　ヲ　シマシタ。一レツ　ニ　八人　ズツ　ナラ

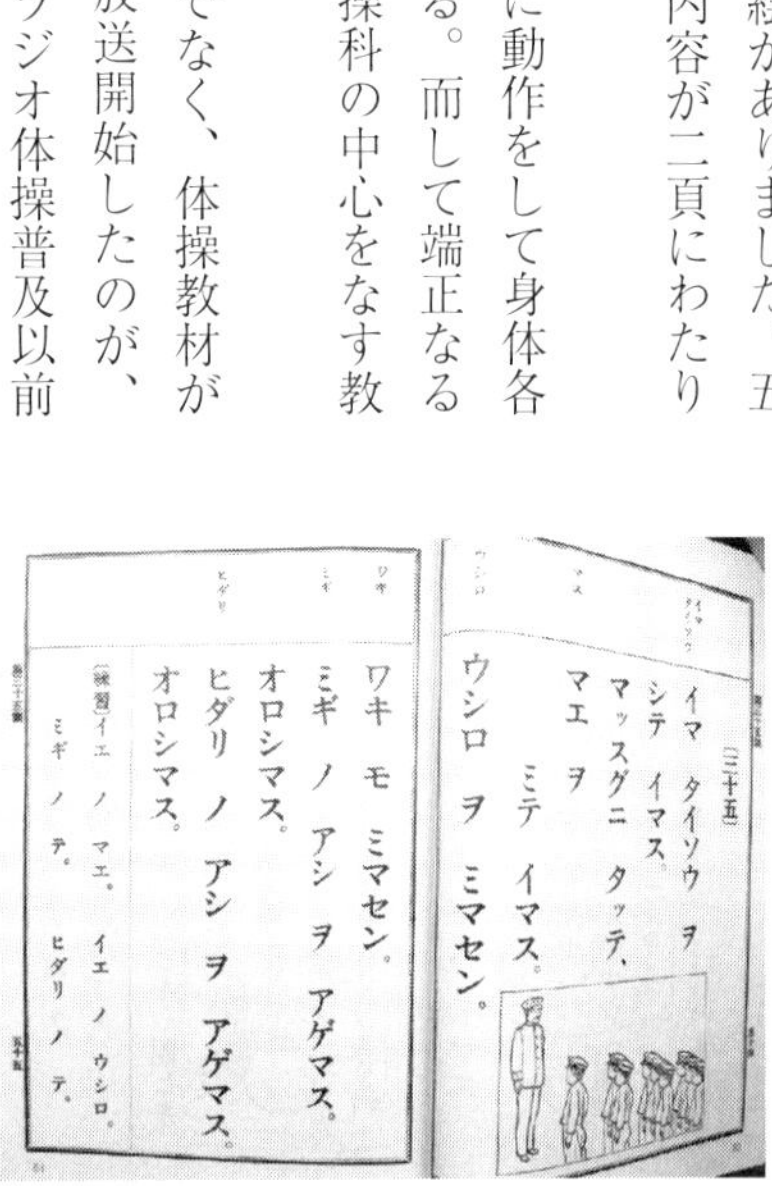
（二十五）
イマ　タイソウ　ヲ
シテ　イマス。
マッスグニ　タッテ、
マエ　ヲ　ミテ　イマス。
ウシロ　ヲ　ミマセン。
ワキ　モ　ミマセン。
ミギ　ノ　アシ　ヲ　アゲマス。
オロシマス。
ヒダリ　ノ　アシ　ヲ　アゲマス。
オロシマス。
（練習）イエ　ノ　マエ。　イエ　ノ　ウシロ。
ミギ　ノ　テ。　ヒダリ　ノ　テ。

図20　二期『普通学校国語読本巻一』朝鮮総督府　一九一二年（Ｔ）

＊宮城遥拝
皇居（宮城：きゅうじょう）の方向に向かって敬礼すること。

ビマシタ。……」というように、運動会の種目を題材にした文章問題です。

四期一九三七年発行の『初等算術第二学年児童用下』に掲載された「イロイロノモンダイ（二）」は、「セイト　ガ、四レツ　ニ　ナランデ、タイソウ　ヲ　シテ　イマス。一レツニ、十四人　ズツ　イマス。ミンナ　デ　何人デショウカ。」という生徒たちが並んで体操をしている挿絵付きの文章問題です。

四期一九三九年発行の『初等国語読本巻二』には、「アサ　ノ　タイソウ　ヨイ　キモチ。ウデ　ヲ　ノバセバ　ヨイ　キモチ。……」と、先生を模範に生徒たちが並んで体操をしている挿絵付きの教材があります。この教材の前頁は、「教練（集合・整列）」の内容の教材です。

四期一九四〇年発行の『初等唱歌第三学年用』（図21）に掲載された「ラヂオ體操の歌」や、五期一九四一年発行の『初等国語読本巻五』（図22）と五期一九四二年発行の『ヨミカタ一ネン上』（図23）にラジオ体操に関する内容が掲載されていました。

南洋群島教科書のみ、「ラジオ体操・体操」に関する教材が確認できませんでしたが、南洋群島でも、ラジオ体操が実施されていたことが、小林茂子著『砂糖と移民からみた「南洋群島」の教育史』の中で明らかにされています。一九九四年に行われた、夏島公学校の児童だったKさんのインタビューを取り上げ、「ポナペ・キチ――公学校のラジオ体操」の写真を掲載しています。前述のインタビュー文を読むと、公学校では、毎朝教室に入る前に、「宮城遥拝*」「君が代斉唱」「ラジオ体操」「最敬礼」「（ラッパのリズムに合わせて教室まで）行進」が実施されていたことが確認できました。

当時の逓信省《ていしん》（後の郵政省、現日本郵政公社）簡易保険局が、昭和天皇の即位の大礼を記

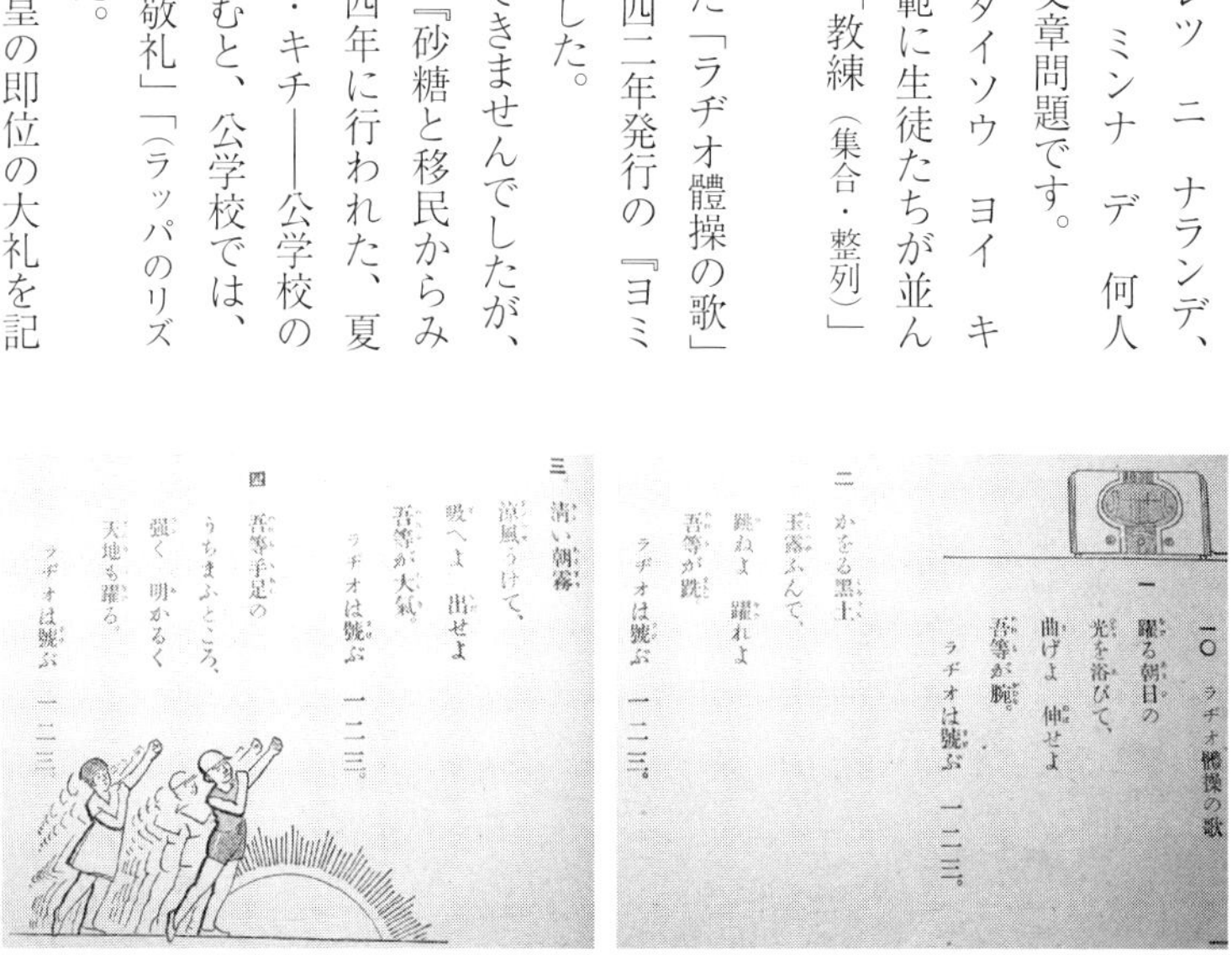
一〇　ラヂオ體操の歌
一　躍る朝日の
光を浴びて、
曲げよ　伸せよ
吾等が腕。
ラヂオは號ぶ　一二三。
二　かをる黒土
玉露ふんで、
跳ねよ　躍れよ
吾等が脚。
ラヂオは號ぶ　一二三。
三　清い朝霧
涼風うけて、
吸へよ　出せよ
吾等が大氣。
ラヂオは號ぶ　一二三。
四　吾等手足の
うちまふところ、
強く　明かるく
天地も躍る。
ラヂオは號ぶ　一二三。

図21　四期『初等唱歌第三学年用』朝鮮総督府　一九四〇年（T）

念して、米国の生命保険会社が加入者らを対象に行っていたラジオ体操を参考に「国民保健体操」をつくりました。

ラジオ体操は、一九二八年一一月一日午前七時、NHKラジオで放送開始し、急速に広がりました。戦後、連合国軍総司令部（GHQ）に「軍国主義的」と判断されて中止になりました。

ラジオ体操は主として学校校庭を会場に全国的な普及が目指され、戦争体制の強化とともに、身体活動行事は一層強力に施行されました［佐藤　二〇〇二：二五三―二五四］。

ラジオ体操放送開始五年後、一九三三年一一月三日、第二回全日本体操祭が明治神宮体育大会に合わせて開催され、その式典とラジオ体操が全国放送されました。ラジオ体操の会の一般的な進行は、国旗掲揚、宮城遥拝、「君が代」斉唱、体操、「愛国行進曲」斉唱でした。一斉の身体運動とその前後の儀礼によって個々の身体の国家の連続性もしくは一体感が強化されるように運営されていたと言います［黒田　一九九九：二〇五―二〇七］。

黒《くろ》田《だ》勇《いさむ》は、著書『ラジオ体操の誕生』のなかで「ラジオ体操そのものには国家的イデオロギーを直接表現する動作もなければ、考案時にはその意図もなかったといわなければならない。その動作を国家的に利用するとなれば、日本人という集団による斉一の動きという面を強調する必要があった。それがさまざまな国家を象徴する儀礼によって囲まれる必要があった。それが『ラジオ』という装置によって、日本中が一斉に動いていると想像できることが必要だった。そのような条件が満たされて、ラジオ体操は『国家的』に利用されていった」と述べています［黒田　一九九九：二一〇］。

かつてのラジオ体操は、単なる体操として扱われていたのではなく、戦争体制の強

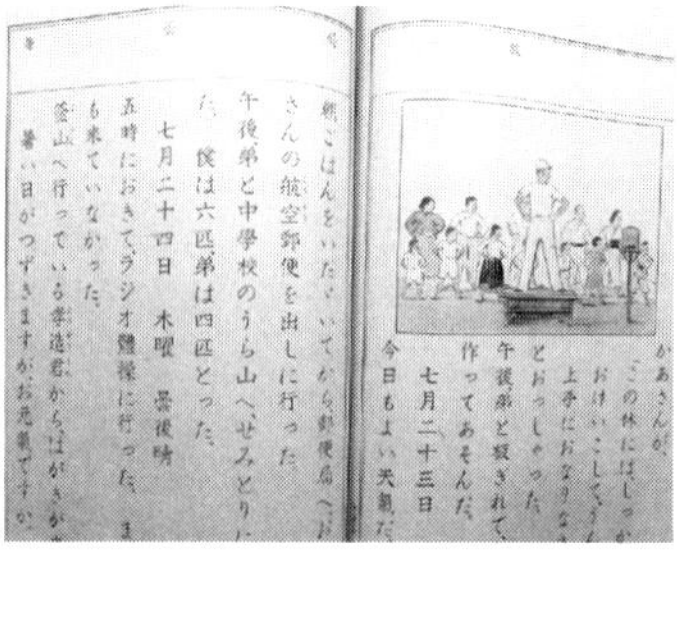

図22　五期『初等国語読本巻五』朝鮮総督府　一九四一年（T）

図23　五期『ヨミカタ一ネン上』朝鮮総督府　一九四二年（T）

化とともに、国家を象徴する儀礼と深く結びつき、集団体操の実施により、結果として「国家的に」利用されたと言えます。ラジオ体操は、現在もなお日本の教育現場や地域社会に根付いています。ラジオ体操を指導する、特に教育に携わる者は、軍国主義的と捉えられた時代があった、ラジオ体操の歴史を認識した上で扱う必要があると考えています。

6　かけっこ

徒競争は五二%の登場率で、個人競技種目として、団体競争種目の綱引きと共に日本の明治期小学校運動会を象徴するものでした〔平田　一九九九〕。

一九三三年発行の『小学国語読本巻一尋常科用』（図24）に、「かけっこ」の教材が登場しています。また、一九三八年発行の『小学国語読本巻四尋常科用』（図25）は、五ページ半にわたって運動会の「かけっこ」を題材にしています。「お父さんが『負けてもよいから、しまひまで走るものだ。』とおっしゃったのを思ひ出して、また一生けんめいに走りました。……すると、先生がにこにこして、『太郎君、えらいぞ。ころんでも、よくしまひまで走った。かんしん、かんしん。』といって、ほめて下さいました。」（カタカナをひらがなに改めた）と記述されています。このような光景や会話は現在の運動会にも脈々と引き継がれています。

運動会の種目として最も登場数の多い「かけっこ」の教材が五期にも登場しています。一九四一年発行の『ヨミカタ　一』（図26）の「かけっこ」の教材は、四期一九三三年発行の『小学国語読本尋常科用巻一』（図24）に掲載された教材とほぼ同じ内容です。「ハシレ　ハシレ　シロカテ　アカカテ」の文は全く同じですが、挿絵は四期が男児で

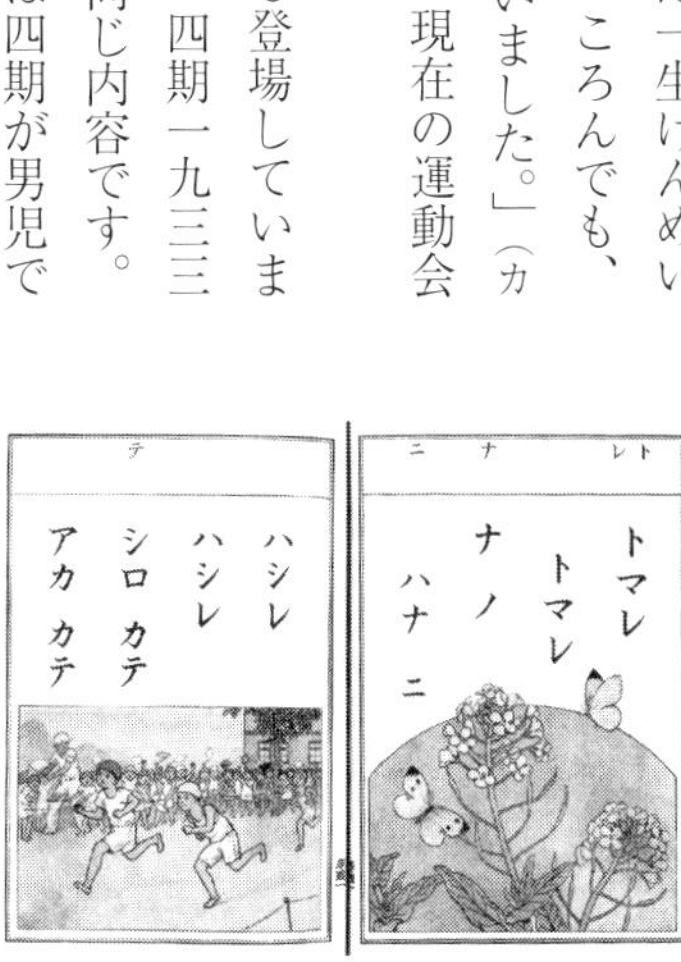
トマレ
トマレ
ナノ
ハナ ニ
ハシレ
ハシレ
シロ カテ
アカ カテ

図24　『小学国語読本巻一　尋常科用』文部省　一九三三年（S）

したが、五期は女児で、帽子がはちまきに代わっています。五期に入り、総力戦体制期の局面がピークに達していることが、挿絵からも窺えます。

一九四一年発行の『ヨミカタ四』（図27）に掲載された「かけっこ」の教材は、四期一九三八年発行の『小学国語読本尋常科用巻四』（図25）に掲載されたものとほぼ同じ内容です。一九四一年発行の『うたのほん下』（図28）には、「かけっこ」の歌が登場しており、「かけっこ」競技がいかに重要視されていたかがわかります。

台湾教科書の中の「かけっこ」教材は、前述のように、一九二九年発行の『公学校修身書児童用巻四』に掲載された「第五　カラダヲキタエヨ」（図19）の教材に「かけっこ」と「体操」の挿絵がありました。一九四二年発行の『コクゴ二』では、四頁にわたり「運動会：大玉おくり（後出、図43）・かけっこ」に続き、八頁にわたり「戦争ごっこ」、「兵隊ごっこ」、「ラジオ体操」の内容が続いています。

朝鮮教科書の中には「かけっこ」教材が多く見られ、三期は、一九二三年発行（図29）・一九三〇年発行（図30）の『普通学校国語読本巻二』に掲載されたそれぞれの「一　ウンドウカイ」（内容は別）のように、万国旗を背景にした挿絵が見られます。

四期は、一九三九年発行の『初等国語読本巻一』（図31）のように、奉安殿の挿絵が描かれた国家的教材に続き、「かけっこ」教材がつながっているのが印象的です。

五期に入ると、一九四二年発行『ヨミカタ一ネン上』には、運動場でのなごやかな遊び風景の挿絵の中に、「かけっこ」が含まれている教材（図32）がある一方、「ヘイタイサン　ススメ　ススメ」の頁の隣りに、「ハシレ　ハシレ　シロカテ　アカカテ」という戦時色の強い「かけっこ」教材（図33）が見られました。同年発行の『ヨミカタ一

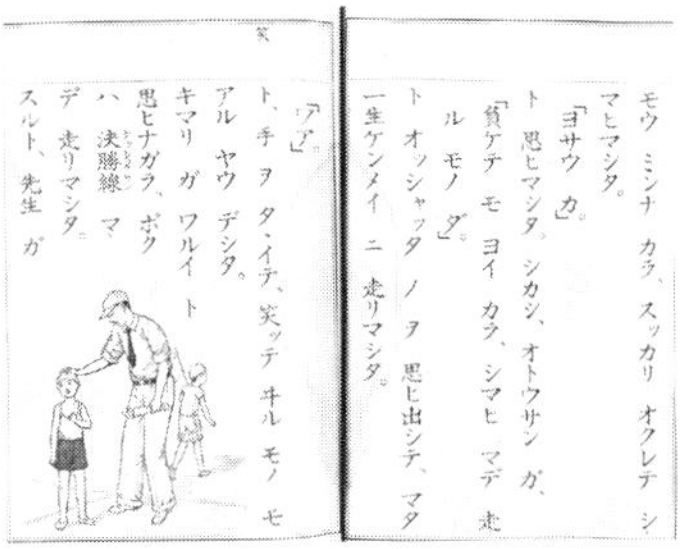

図25　四期『小学国語読本巻四　尋常科用』文部省　一九三八年（S）

図26　五期『ヨミカタ一』文部省　一九四一年（S）

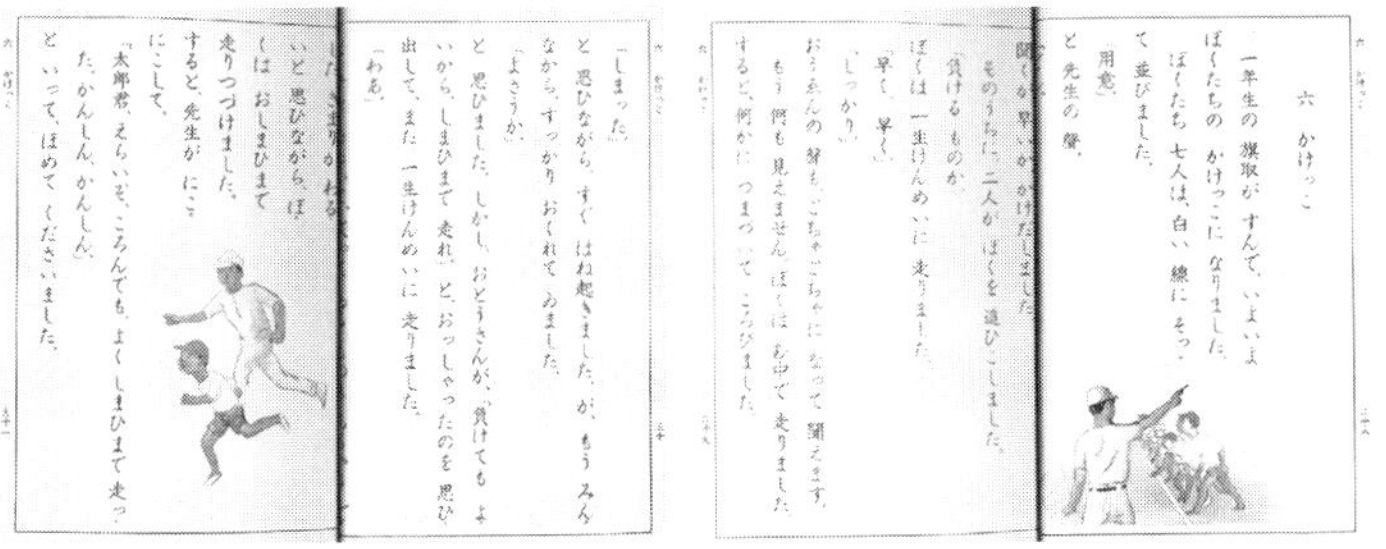

図27　五期『ヨミカタ四』文部省　一九四一年（S）

図28　五期『うたのほん下』文部省　一九四一年（S）

図29　三期『普通学校国語読本巻二』朝鮮総督府　一九二三年（T）

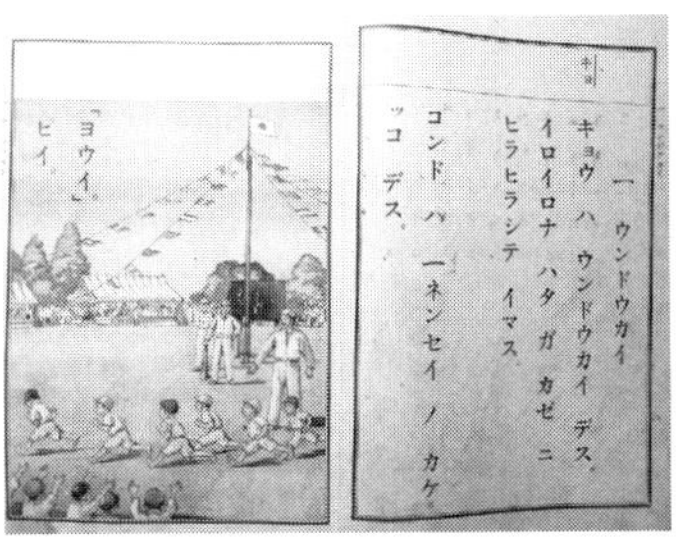

図30　三期『普通学校国語読本巻二』朝鮮総督府　一九三〇年（T）

図31　四期『初等国語読本巻一』朝鮮総督府　一九三九年（T）

ネン下』に掲載された「ウンドウクヮイ」（図34）はまさに「運動会」そのものの教材です。

南洋群島教科書の中の「かけっこ」教材を見ると、一九二五年発行第二次の『南洋群島国語読本本科用巻一』に掲載された「十五　ウンドウカイ」（図35）等があります。この教材は、一九二三年発行の朝鮮教科書『普通学校国語読本巻二』（図29）に掲載された教材の転載であり、挿絵のみが南洋群島用に差し替えられています。

一九三七年発行第四次『南洋群島公学校本科国語読本巻一』には、「カケッコとオニゴッコ」を同ページに構成し、遊びの延長として「かけっこ」に親しむ教材（図36）や、日の丸に向かって徒競走を実施している教材（図37）がありました。

「教練」教材の「たいそうごっこ」や「弟の体操」だけでなく、「カケッコ」の教材にも、「ごっこあそび」の要素が活用されていました。

7　その他

①綱引き

一九二六年発行の国定教科書『尋常小学国語読本巻二』（図38）には、「綱引き」の内容が登場し、万国旗や紅白の旗が描かれています。

合津美穂《ごうづみほ》は、台湾教科書（図39）の挿絵について、「挿絵は継承されたものが多い。構図は元となった三期国定読本の挿絵のそれとほぼ同様であるが、日本的な事物を台湾的なものへと描き改めることによって『台湾化』されたものであり、公学校の運動会の綱引きの光景を、児童の視点から描写した教材挿絵である。ここには第三期国定読本にはない官服らしきものを着た人々が観覧している様子が描かれている。綱を引いている

図32　五期『ヨミカタ一ネン上』朝鮮総督府　一九四二年（T）

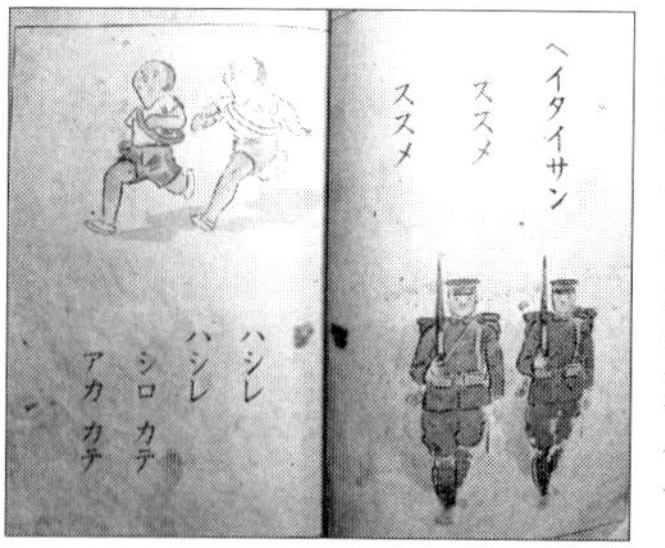
ヘイタイサン
ススメ
ススメ
ハシレ
ハシレ
シロ カテ
アカ カテ

図33　五期『ヨミカタ一ネン上』朝鮮総督府　一九四二年（T）

児童に目をやると、三期国定読本の挿絵（図38）には着物姿の児童も描かれているのだが、図39にはそのような児童はいない。挿絵の人物の衣類を『台湾化』することによってその教材の文章の語り手を小学校児童から公学校児童へと改変するという手法である」と解説し、「児童の視点に立って書かれた教材や、台湾の風土、文物、制度に関わる内容の教材においては、公学校児童が教材に描かれた人物に対して自己を同一化したり、親近感を持って学習できるよう、文章とともに挿絵も『台湾化』された」と説明しています〔合津　二〇〇九〕。

朝鮮教科書は二例あり、一九二三年発行の『普通学校国語堵読本巻四』に「十七　つな引」の教材があります。「……年よりでも、子どもでも、つなの引けるものは、みんなあつまって居ます。こちらの村の人はこちらがわに、向うの村の人は向う側に居ます。みんなこしをひくくして、一生けんめいにつなを引いています。……たいこがなります、かねがなります。……」と、三頁強にわたり教材化されています。もう一例は一九四〇

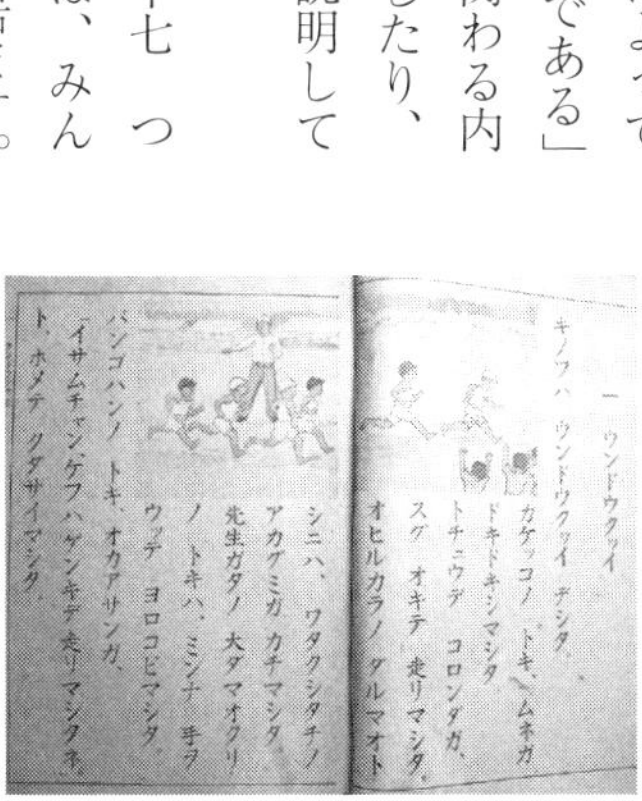

図34　五期『ヨミカタ一ネン下』朝鮮総督府　一九四二年（T）

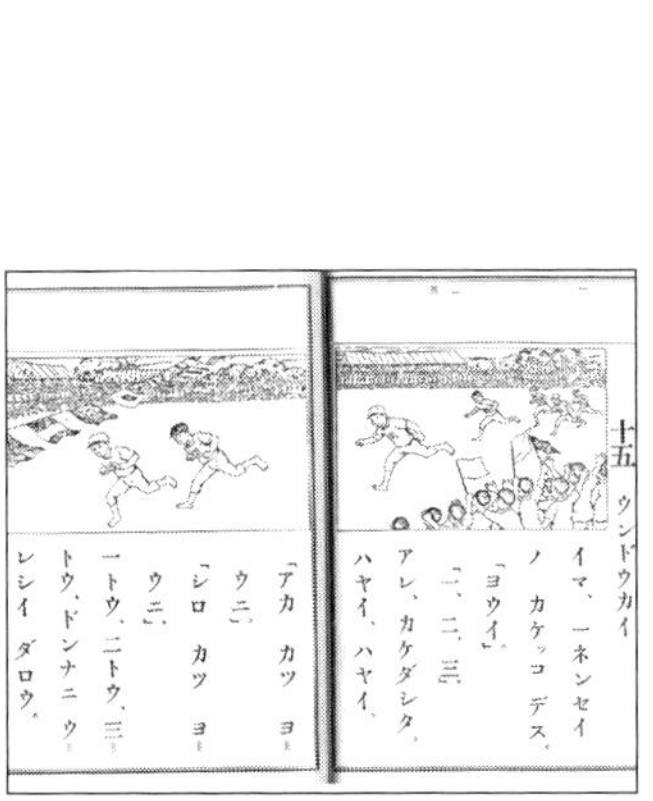

図35　三期・第二次『南洋群島国語読本本科用巻一』南洋庁　一九二五年（S）

図36　四期・第四次『南洋群島公学校本科国語読巻二』南洋庁　一九三七年（S）

図37　四期・第四次『南洋群島公学校本科国語読巻二』南洋庁　一九三七年（S）

年発行の『初等唱歌第四学年用』（図40）に「綱引」の歌が登場しています。

一九三二年発行の第三次南洋群島『南洋群島国語読本本科用巻二』（図41）に掲載された「綱引き」教材は、一九二六年発行の国定教科書『尋常小学国語読本巻二』（図38）に掲載された教材の転載です。南洋群島の挿絵背景のみが南洋群島の風土に合わせて描かれています。宮脇弘幸は、「比率的に南洋群島第三次『国語読本』が一番多く国定教材を取り入れている。これは第三次読本の編纂趣意書にも記されているように国定『尋常小学校国語読本』に近づけることを基本としていたためと考えられる」と述べています［宮脇　二〇〇六：三五―四九］。

国定教科書（図38）の転載教材である台湾（図39）・南洋群島教科書（図41）の「綱引き」教材は、前述した三期における転載教材の特徴を示す例です。

「綱引き」は、七〇％の登場率で最も多く、明治期に一貫して頻繁に実施された種目であり、個人競技種目の徒競争と共に、団体競争種目として、日本の明治期小学校運動会を象徴するものでした［平田　一九九九：八六―一二八］。

日本各地の伝統社会に、趣向をこらした数多くの綱引きを残しており、綱引きにみる「新年・性・豊穣・水・蛇」の五要素こそ、日本の綱引きを特徴づける指標であり、綱引きには儀礼が伴っており、その儀礼が綱引きの意味を語ると言います［寒川　二〇〇二：三八九―三九四］。

日本では神事的起源をもち、民俗的身体行事である綱引きが、運動会の主要種目となっているのは、運動会が村ぐるみ町ぐるみの祭りとしての地域的学校行事でもあったことを反映しているといえますが、綱引きの歴史や特性から考えると、国定教科書

綱　引

図40　四期『初等唱歌第四学年用』朝鮮総督府　一九四〇年（T）

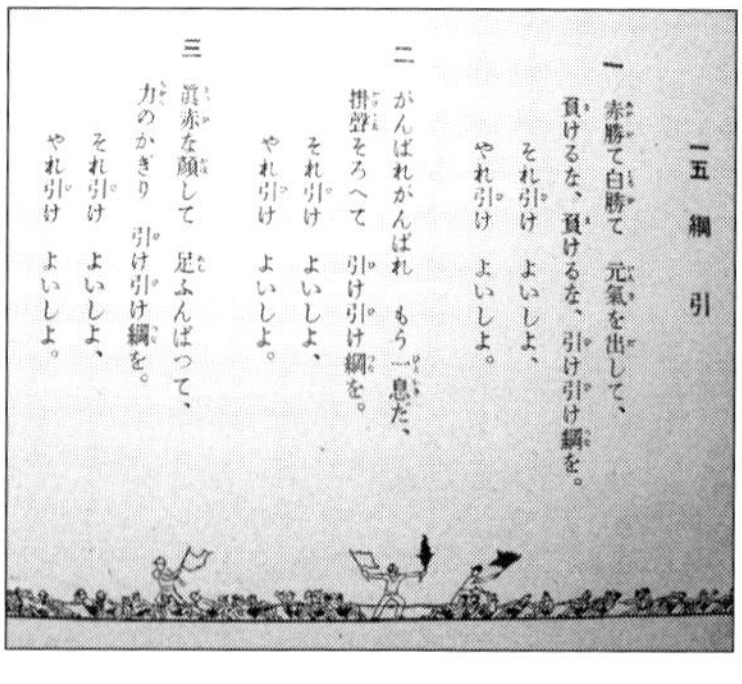
一五　綱引
一　赤勝て白勝て　元氣を出して、
負けるな、負けるな、引け引け綱を。
それ引け　よいしよ、
やれ引け　よいしよ。
二　がんばれがんばれ　もう一息だ、
掛聲そろへて　引け引け綱を。
それ引け　よいしよ、
やれ引け　よいしよ。
三　眞赤な顔して　足ふんばつて、
力のかぎり　引け引け綱を。
それ引け　よいしよ、
やれ引け　よいしよ。

においては皇国臣民育成、日本植民地教科書においては皇民化*を促す種目として、綱引きが重要視されていたとも考えられるのではないでしょうか。

② 玉入れ、だるまおとし、大玉・だるまおくり

国定教科書では、一九三五年発行の『尋常小学校算術第一学年児童用上』に玉入れ、一九四一年発行の『ヨイコドモ上』（図42）にだるま送りの内容が教材化されています。一九四二年発行の台湾教科書『コクゴ二』（図43）には大玉送りが取りあげられています。また、一九三九年発行の朝鮮教科書『初等国語読本巻二』に掲載された「四 ウンドウカイ」（図44）は、本文でだるまおとしと大玉送りが登場し、玉入れの挿絵付き教材です。

だるまおくりの競技は「一億一心、力を合わせて爆弾を作ろう」をスローガンにした大玉運びに移行し、現在の運動会プログラムにも大玉転がしの団体競技種目として残っています。

③遊戯（団演）

遊戯の発展期と思われる明治中後期の舞踏的遊戯の特性の一つとして、「行

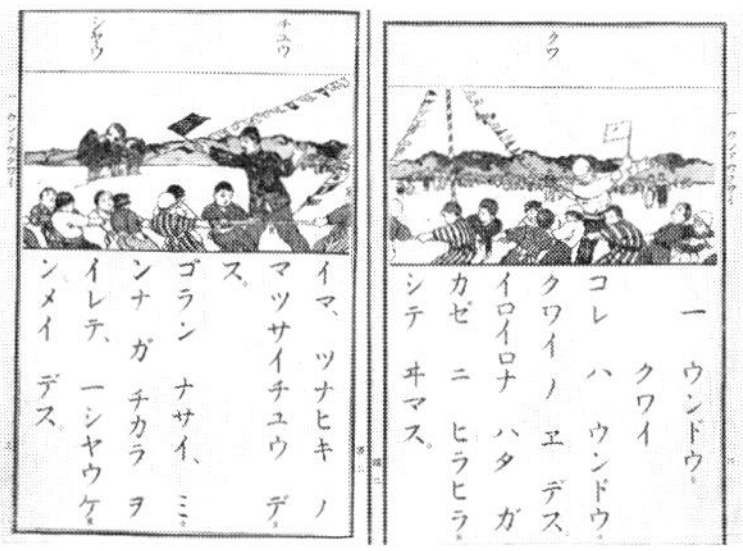

図38　三期『尋常小学国語読本巻二』文部省　一九二六年（S）

図39　三期『公学校用国語読本巻二第一種』台湾総督府　一九二三年（T）

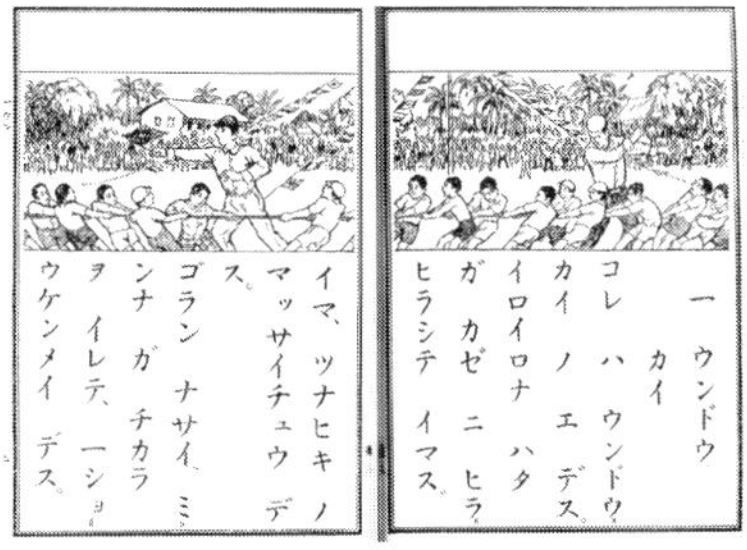

図41　三期・第三次『南洋群島国語読本本科用巻二』南洋庁　一九三二年（S）

＊皇民化政策
主に朝鮮・東南アジアの人びとを天皇の臣民にする政策。日本語や日本の文化、宗教を押しつけ、天皇に忠実な人間に仕立て上げようとしました［吉岡数子　二〇〇二：一八三頁］。

進遊戯、唱歌遊戯を通して『規則に従ふの習慣又は朋友と接するの交情を養成』する『集団動作』の価値を重視」が挙げられています［松本・香山　二〇一〇：六〇―七〇］。

図45のように、一九三七年発行の台湾教科書『公学校用国語読本第一種巻二』の中には、運動会の「遊戯」に関する教材が掲載されています。一年生が「ハトポッポ」の遊戯を披露している挿絵には、教師が傍らで指導する中、きちんと円形になって行進遊戯する子どもたちの様子が描かれています。本文には、「ヒトリ　モ　マチガヘナイ　デ、ジャウズ　ニ　シマシタ」という記述があり、一人も間違えずに上手に踊ることを奨励しています。一見すると、国定教科書の「行進」挿絵（「教練」図1、一二頁）と比較して、なごやかな様子に見えますが、「行進」（集団秩序訓練）へとつながる教材であり、「身体規律」を重視したダンス教育の一例です。

④騎馬戦・帽子取り

山本信良・今野敏彦は、「運動会にみる競争の論理」について、「とくに集団間の競争は、集団の統制という目的をもって、巧みに利用されたものと考えられる」と述べ、

図42『ヨイコドモ上』文部省　一九四一年（S）

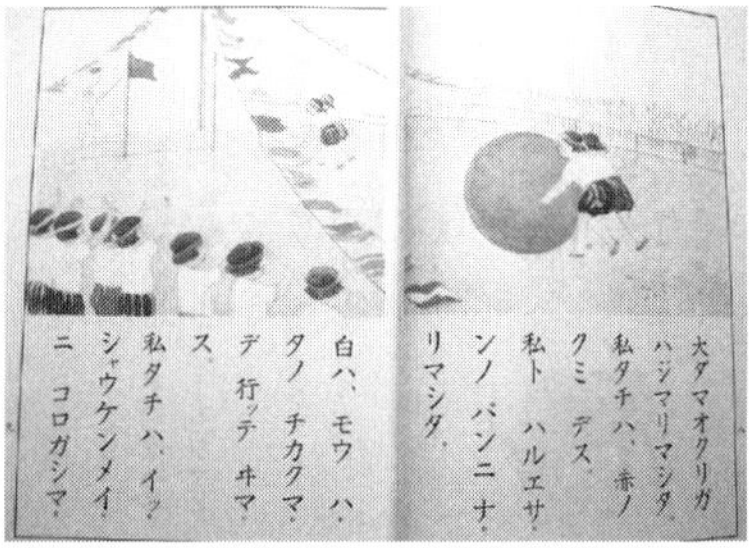

図43　五期『コクゴ二』台湾総督府　一九四二年（T）

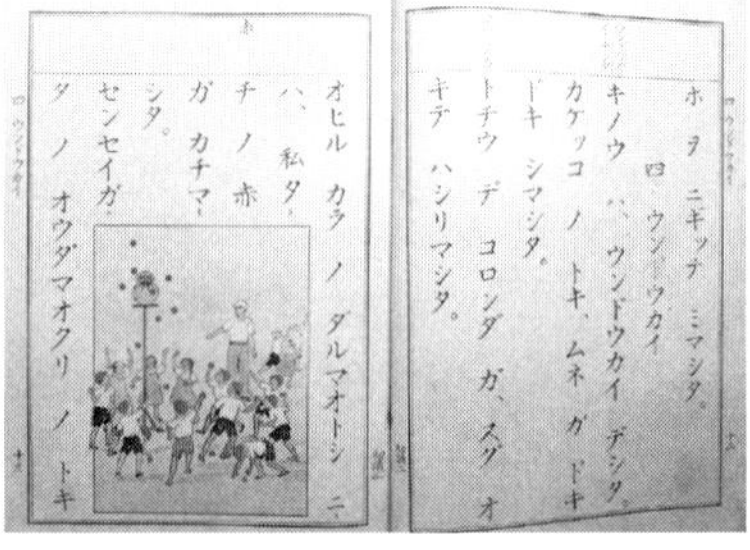

図44　四期『初等国語読本巻二』朝鮮総督府　一九三九年（T）

「騎馬戦を思い起こす時ちょうど国と国との戦争を考える事が出来る様な気がしてならない。……戦中は騎馬戦をやっている小学生の様な気持なのではとつくづく思うことがある。事実私自身小学生の頃の騎馬戦のあの興奮と快感とを戦場で味わった事を想いだされてならない」という事例を挙げ、「遊戯的な団体戦である騎馬戦に、国家間の戦争を想像せしめたのは、為政者が運動会に期待していたものと、まさに符号しているといえよう」と考察しています［山本・今野　一九八六：三七六―三七七］。

遊戯的な団体戦である騎馬戦は、国家間の戦争を想像させました。現在も運動会の定番プログラムである「騎馬戦」の教材は、一九三六年発行の国定教科書『尋常小学算術第二学年児童用上』など、算術の問題や、一九三二年発行の朝鮮教科書『普通学校国語読本巻五』（図46）の中で確認できました。

また、騎馬戦に発展する「帽子取り」の内容が、一九三七年発行の朝鮮教科書『初等算術第二学年児童用下』、同年発行『普通学校算術第二学年児童用下』の中で扱われていました。

⑤旗取り・旗送り

「初期の運動会では、運動競技というよりも軍事演習的な傾向を強く帯びていました。実際、当時の小学校の「運動会」は、しばしば「旗奪《はたばい》」として理解されていました。旗奪とは、生徒たちが紅白ないし数軍に分かれ、敵軍の擁する旗を奪い合う戦争ごっこ、つまり軍事演習の児童版であったと言われています［吉見　一九九四：一四一］。

旗取りは、国定教科書では、一九三六年発行の『尋常小学算術第二学年児童用上』

図45　四期『公学校用国語読本巻二　第一種』台湾総督府　一九三七年（T）

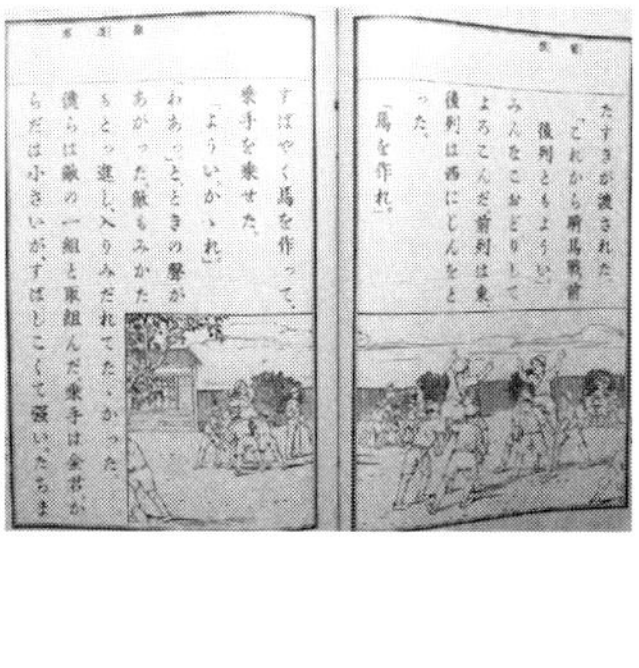

図46　三期『普通学校国語読本巻五』朝鮮総督府　一九三二年（T）

に、「体操・徒競走・騎馬戦」の内容と同教材で一例・三／一四行確認できましたが、教材数・数量共に少ない結果でした。朝鮮教科書では、算術の問題や「その他」の運動会全般の中で他種目・内容に含まれて、旗取り・旗送りの教材が確認できました。台湾・南洋群島教科書は、なしでした。「旗」に関する教材のほとんどが、算術の教材であり、国定では、他種目・内容ほど多く扱われていませんでした。

⑥運動会の歌

国定教科書では、一九三三年発行の『小学新唱歌第六学年』（図47）に「運動会の歌」が一例掲載されています。歌詞は、「大空晴れて朝風清し。」から始まり、「全力つくすぞ」「ますます鍛えん」「奮えや、奮え」と、強く鼓舞するような歌詞が並んでいます。

台湾教科書では、一九二三年発行の『公学校用国民読本第一種巻二』、一九三四年発行の『公学校唱歌第三学年用』（図48）に、運動会の歌が二例掲載されています。歌詞は、「朝かぜさっと吹いて来て、」から始まっています。

朝鮮教科書では、一九二〇年発行の『普通学校唱歌書第二学年用』（図49）と一九二六年発行の『普通学校補充唱歌集』に二例掲載されています。歌詞は、「指折り数えて待って居た」から始まっています。

上記のように、国定・台湾・朝鮮教科書に掲載された「運動会の歌」は、三曲とも全く別の曲です。

南洋群島では、一九三三年発行の『南洋群島国語読本補習科用巻一』、一九三七年発行の『公学校補習科国語読本巻二』に二例掲載されています。南洋群島教科書の教

図47　四期『小学新唱歌第六学年』文部省　一九三三年（S）

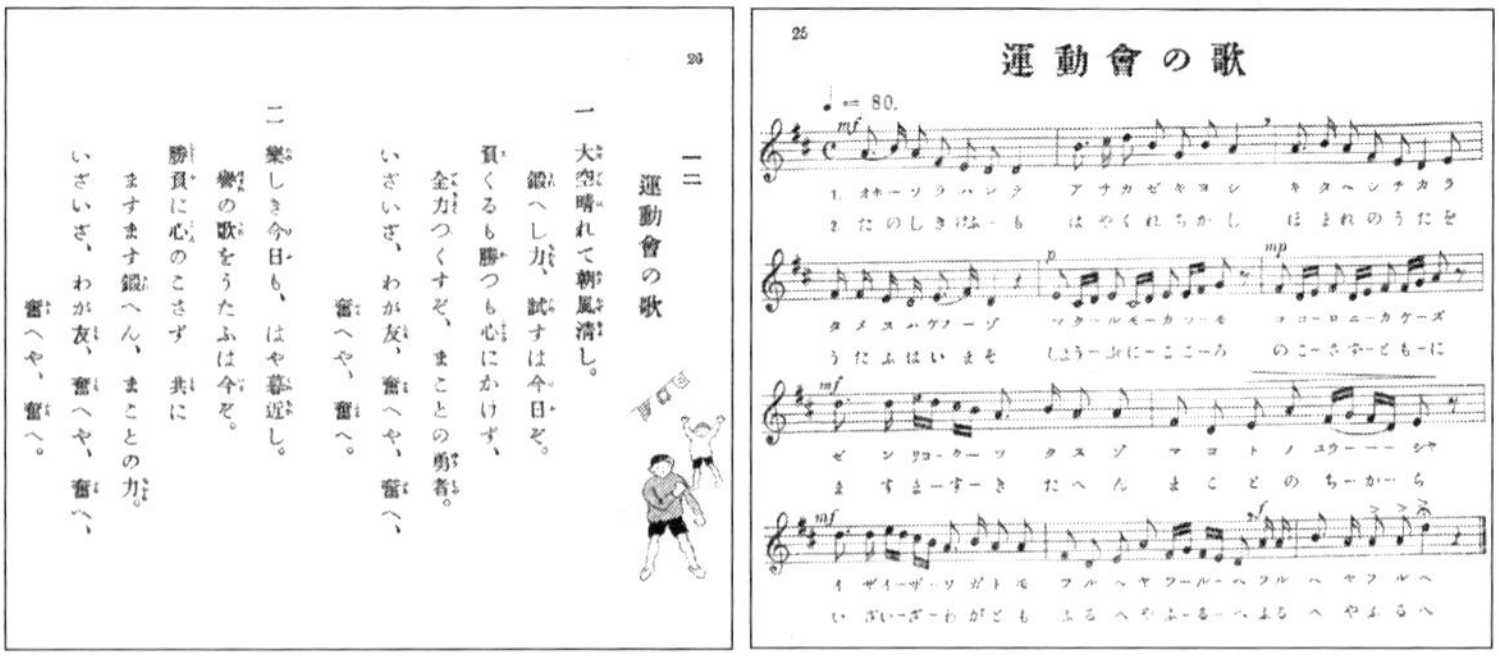

材は、台湾教科書（図48）と同じ歌詞が掲載されていますが、楽譜は掲載されていません。
　木村吉次《きちじ》は、宮城県遠田郡小学校生徒運動会の記事を引用し、明治二〇年の小学校運動会の状況について、運動会が終了し、運動歌という運動会のために特別に作った歌を歌いながら帰校したことが示されていることを解説しています［木村　二〇〇一：六七］。このことから、運動会終了後、「運動会の歌」を歌いながらの帰校時も運動会に含まれていたと考えられます。「運動会の歌」は、日本の国定・植民地教科書のすべてにおいて掲載されていたことから、その必要性と定着度が窺えます。

二　「満洲」教科書に描かれた運動会

1　「満洲」とは

かつて「満洲国」という幻の国家が、日本の植民地として一三年半存在しました。戦後約七〇年、新聞報道や「満洲国」を舞台にしたTVドラマやドキュメンタリー番組（六九頁参照）が放映されるようになり、

図48　四期『公学校唱歌第三学年用』台湾総督府　一九三四年（T）

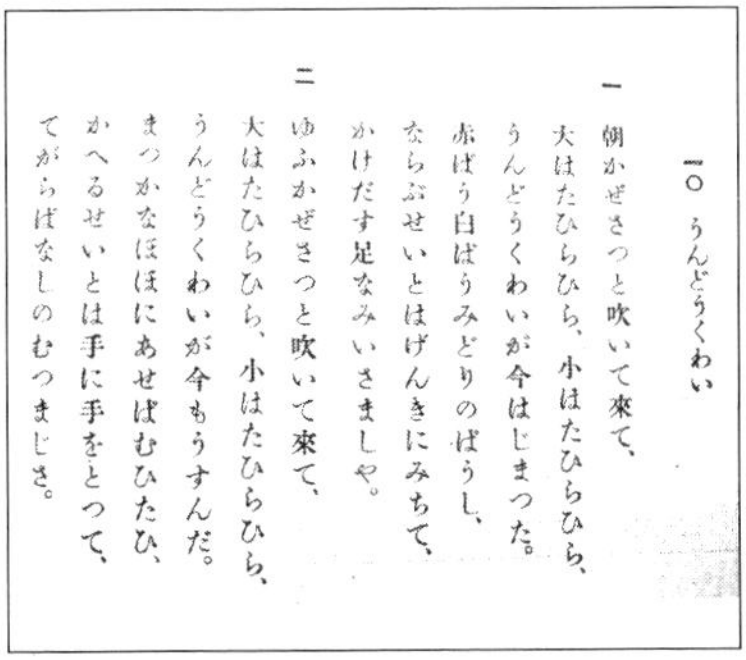
一〇　うんどうくわい
一
朝かぜさつと吹いて來て、
大はたひらひら、小はたひらひら、
うんどうくわいが今はじまつた。
赤ばう白ばうみどりのばうし、
ならぶせいとはげんきにみちて、
かけだす足なみいさましや。
二
ゆふかぜさつと吹いて來て、
大はたひらひら、小はたひらひら、
うんどうくわいが今もうすんだ。
まつかなほほにあせばむひたひ、
かへるせいとは手に手をとつて、
てがらばなしのむつまじさ。

図49　三期『普通学校唱歌書第二学年用』朝鮮総督府　一九二〇（T）

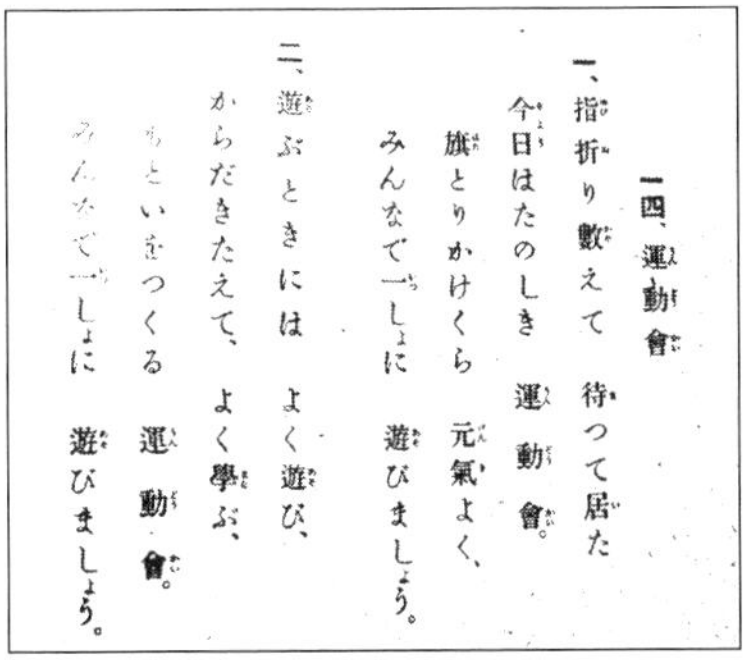
一四、運動會
一、指折り數えて　待つて居た
今日《けふ》はたのしき　運動會。
旗とりかけくら　元氣よく、
みんなで一しょに　遊びましょう。
二、遊ぶときには　よく遊び、
からだきたえて、よく學ぶ、
もといをつくる　運動會。
みんなで一しょに　遊びましょう。

新天地を求めて移住した「満蒙開拓団」がソ連軍の侵攻などによりおよそ八万人以上が犠牲となり、棄民というべき扱いを受けて旧満洲に取り残されたことや、そうした一五〇万を超える日本人「残留孤児」「残留婦人」の帰国を実現に導くために奔走した人たちの存在が知られるようになりました。

「『満洲』に行けば土地が手に入る」「豊かな人生が待っている」という当時の国策により、多くの開拓団が夢と憧れを抱いて内地から移住しました。しかし、その土地とは中国人から略奪した農地でした。植民地の治安安定や軍への食糧供給を目的に、二七万の人々を送り込んだこの移民政策の詳細は、長い間知られていませんでしたが、近年、研究者らにより解明されるようになりました。

また「七三一部隊による生体実験」「毒ガス戦」「平頂山《へいちょうざん》大虐殺事件」等、数えきれないほどの惨劇が起こり、関連する書籍も出版されていますが、その実情はいまだ封印され、すべては明らかになっていません。

筆者は当時、満洲国で何が起こったのかの一端を知るために、日本人と中国人に対してどのような教育が行われていたのか、教科書＊がどのような役割を担ってきたのかを研究し、史実を継承していく必要があると考えています。

野村章は満洲について『復刻　満洲官製教科書＝解説』（磯田一雄ほか編）で、次のように説明しています。

> この満洲植民地は、それ以前の米・英など先進帝国主義の政治的、経済的な庇護と承認のもとに獲得された植民地と異なり、日本がファシズム国家としてアジ

＊「満洲」教育と「教科書」

「満洲」教育と「教科書」に関する先行研究には、宇賀神一［二〇一八、二〇一九、二〇二二］の研究等があり、国語教育を視点とした『満洲補充読本』、主に執筆者・実践者である石森延男に関する詳細な研究です。

ア支配に踏み出した第一歩となったものであり、直接的には対ソ軍事拠点、中国民族運動の防波堤という役割になったばかりでなく、アジア諸民族支配の壮大な実験場であり、その後にひきつづいて展開される「大東亜共栄圏[*3]」構想の原点という位置づけをもっていました。［野村　一九八九］

2　アジア諸民族支配の壮大な実験場

「満洲国」教育史とは、一九三二年の「満洲国建国」から一九四五年の日本の敗戦による「満洲国」崩壊にいたる一三年半の時期に、中国東北部（現中国東北部・内蒙古自治区東部・河北省東部）において日本国と日本人が行った植民地支配政策の一環として行われた教育の歴史のことです。

中国側の研究では、この時期の同地の教育史が、「東北淪陥《りんかん》一四年教育史」（＝「東北被占領一四年の教育史」）や「偽満洲国教育史」といったことばで把握されています。これらのことばには、かつて侵略を受けた中国人自身の歴史認識が表現されていると言われています［大森　一九九三］。

磯田一雄は、「社会的実験室としての『満洲』」について「満洲は日本の『大東亜共栄圏』支配のかなめであり、その実験場でもあった」とし、次のように述べています。

> 教育の分野においても、満洲は「大東亜教育」のモデルであるとともに、中国占領地をはじめ、太平洋戦下の南方占領地での教育政策や教科書編集などにおいても、大きな寄与をしたと考えられる。また、満洲は日本の教育改革の、いわば

○コラム・4　「満洲」と「新教育」

「満洲」と「新教育」に関する先行研究には、担い手・学校、すなわち実践者・場に注目すると、槻木［二〇一三］・渡部［二〇一三］・山本一生［二〇二〇］・宇賀［二〇二〇］らの研究があります。

槻木瑞生［二〇〇七：一五一］は「満洲」教育史における日本人教育について、これまで日本人教育の問題は意識的に避けられてきたことや、在満日本人の教育は「植民地教育」という観点以外でも取り組む課題は多く、日本教育史から考えても重要な課題であることを指摘しています。「満洲」の教育は日本の近代教育とは異なる部分を持つ特異な教育であり、日本国内の教育との比較、関連を押さえなければならないと具体的に提言しています。

先導的試行の役割も果たしている。……

　満洲はこのように日本の改革のための実験場の役を果たしたのだが、教科書においても例外ではなかった。〔磯田　一九八九：一一六―一一九〕

　このように、「満洲」は日本の教育・教科書の改革を担う実験場の役割を果たしました。日本の教育を「満洲」から改造しようとする、パイオニア的意識をもった教科書編輯者（四六頁のコラム・6参照）によって作られた、画期的で先駆的な教科書とはどのようなものだったのでしょうか。

3 「満洲」在満日本人用教科書

　満洲教科書は、在満日本人用教科書と中国人用教科書が編集・発行されていますが、本書では在満日本人用教科書*のみを対象に取り上げます。中国人用教科書については今後の課題としたいと思います。なお、一節で述べた日本の国定教科書や他の植民地（台湾・朝鮮・南洋群島）教科書と比較するため（九頁参照）、調査対象は日本の国定・国語教科書の時期区分（一～五期）と対象学年（初等教育期：一～六年）に準じました。

4 ランニング、リレー、かけっこ

　三期一九三二年発行『満洲補充読本　一の巻』（一年用）「六　ランニング」は、「五十メートル　ランニング　ヨウイ、ドン。　シロ　カツ　ヤウ　ニ、アカ　カツ　ヤウ　ニ。」一頁文章のみの「運動会」の内容です。内地の国定教科書や他の植民地教科書では、「ラ

＊在満日本人用教科書
　復刻版として発行されている私設教科書総合研究所所蔵の『在満日本人用教科書集成　全一〇巻』（磯田一雄・槻木瑞生・竹中憲一・金美花編、柏書房株式会社、二〇〇〇年）、『復刻：満洲　官製教科書』（旧・関東局／在満教務部編纂教科書及資料＝全一三冊＋解説一冊、ほるぷ出版、一九八九年）、『復刻版　満洲補充読本　一の巻～六の巻』を調査しました。

ンニング」という用語が登場したことはありません。

四期一九三四年四版発行『初等支那語教科書（稿本）巻五』の「十五　運動会」の挿絵（図52）入りの教材が一頁あります。挿絵は、日の丸を頂に万国旗を束ねた下で、「跑（走る）」競技が行われ、観客たちが応援している様子です。挿絵の三名の選手は反時計回り方向に走っていますので、トラック競技か短距離走競技と考えられます。

四期一九四〇年初版発行『満洲小学唱歌集　尋常小学第二学年』には「二十五　かけっこ」、「二十六　運動会」（図53）が楽譜付きで一頁掲載されています。「二十六　運動会」二番の歌詞は「勝て　よ、赤、赤、負ける　な、白　よ。敵　も　み方　も　大おうゑん。学年リレー　だ、勇ましい、勇ましい。」です。国定・他の植民地教科書においても「運動会の歌」が扱われていましたが、「学年リレー」という用語が登場したのは「満洲」教科書だけです。

五期一九四一年改訂再版発行『初等支那語教科書　巻五』の「第十二課　運動会」（図54）の挿絵入りの教材が三頁あります。挿絵は、日の丸を頂に万国旗を束ねた下で、「跑（走る）」競技が行われている様子です。挿絵の三名の選手は、トラックラインに沿っていますが、トラック競技とは逆の時計回り方向に走っています。

五期一九四二年発行『マンシウ　二』（一年用）の詩の中

運動會
二十六　運動會
一　はれた　お空　に
日の丸　高く、
けふ　は　たのしい
運動會。
がふどうたいさう、
美しい、美しい。
二　勝て　よ、赤、赤、
負ける　な、白　よ。
敵　も　み方　も
大おうゑん。
學年リレー　だ、
勇ましい、勇ましい。
図53　「二十六　運動会」『満洲小学唱歌集　尋常小学第二学年』在満日本教育会教科書編集部　四期　一九四〇年（S）

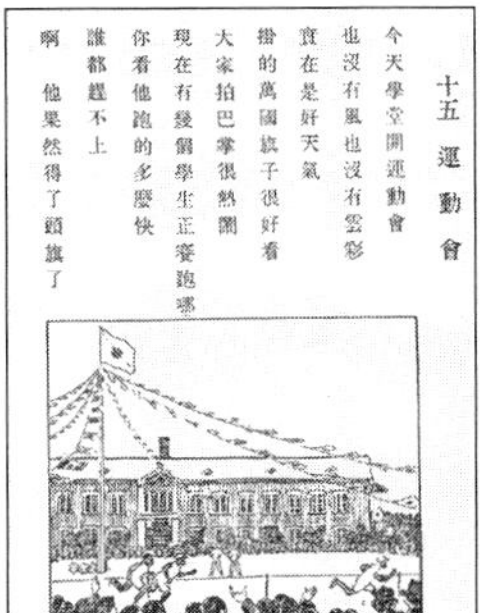
十五　運動會
今天學堂開運動會
也沒有風也沒有雲彩
實在是好天氣
掛的萬國旗子很好看
大家拍巴掌很熱鬧
現在有幾個學生正賽跑哪
你看他跑的多麼快
誰都趕不上
啊　他果然得了頭旗了
図52　「十五　運動会」『初等支那語教科書（稿本）巻五』南満洲教育会教科書編集部　四期　一九三四年（S）

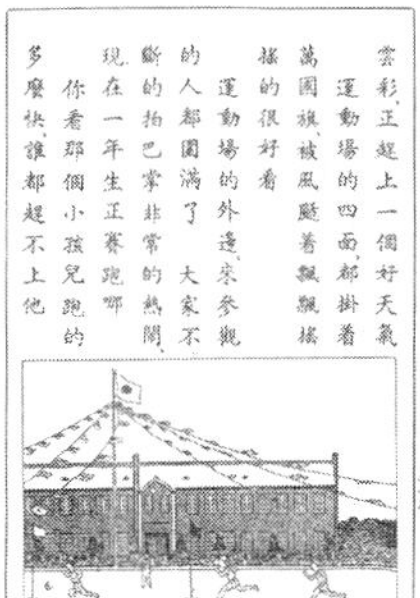
雲彩，正趕上一個好天氣
運動場的四面，都掛着
萬國旗，被風颼着飄飄搖
搖的很好看
運動場的外邊，來參觀
的人都圍滿了　大家不
斷的拍巴掌非常的熱鬧，
現在一年生正賽跑哪
你看那個小孩兒跑的
多麼快，誰都趕不上他
図54　「第十二課　運動会」『初等支那語教科書巻五』在満日本教育会教科書編集部　五期　一九四一年（S）

に、「サラサラ　サラサラ　カケアシ　ダ。」というフレーズがあります。五期一九四二年初版発行『ウタノホン　下』に「十八　かけっこ」が二頁掲載されています。上記のように、「満洲」教科書の唱歌にも、「かけっこ」教材が見られますが、「ランニング」「リレー」のような新たな語彙の登場は、スポーツ教育重視の特徴を示していると考えられます。

5　合同体操、ラジオ体操・体操

四期一九三三年発行『満洲補充読本　四の巻』（四年用）の「十八　秋の朝」の詩に「體操《たいそう》すれば、」というフレーズがあります。また、前掲の四期一九四〇年初版発行『満洲小学唱歌集　尋常小学第二学年』に「二十六　運動会」が楽譜付きで一頁掲載されています。一番の歌詞は「はれた　お空　に　日の丸　高く、けふ　は　たのしい　運動会。がふどうたいさう　美しい、美しい。」です。国定・他の植民地教科書においても「運動会の歌」が扱われていましたが、「合同体操」という用語が登場したのは「満洲」教科書だけです。

五期一九四三年発行『満洲　三年』の「十五　十二月の日記」の教材の「十一日　金曜日　くもり　零下十五度」は、「朝、ラジオ體操をしてゐたら、にいさんが、『自分もしよう。』といって、仲間にはいった。」という三行の記述で始まります。

これまで見てきたように、内地の国定教科書や他の植民地（台湾・朝鮮・南洋群島）教科書と同様に、「満洲」教科書においても、「運動会」に関する「かけっこ」「ラジオ体操・

○コラム・5　傀儡国家「満洲国」

「満洲」は、台湾・朝鮮・南洋群島などとともに日本旧植民地の一つです。この地域に対する日本の侵略は日清戦後、清国から遼東半島を割譲させたのが最初ですが、これはいわゆる三国干渉によって成功せず、実際の植民地支配開始は一九〇五年、日露戦後のポーツマス条約によって、ロシアがこの地にもっていた「関東州」（遼東半島の先端部）の租借権と東支鉄道南半部分（南満洲鉄道）の権益継承を清国に強要承認させて以後です〔野村一九八九：四二〕。

一九三一年九月一八日、日本の関東軍が、奉天（今の瀋陽）北方の柳条湖における鉄道爆破事件を謀略的に引き起こし（柳条湖事件）、「満洲」（中国東北部）への侵略戦争を始めました。日本では、「満州事変」として知られていますが、中国では、「九・一八事変」と称し、九月一八日は「国恥の日」と呼ばれ、この歴史上の記念日が重視されています。翌年三月に、日本が傀儡国家「満洲国」（一九三四年からは「満洲帝国」）を樹立し、植民地支配を強行しました。

体操」の教材が確認できました。内地や他の植民地教科書と異なる点は、「ランニング」「リレー」「合同体操」という用語が登場することです。

　興味深い点は、内地の国定教科書や他の植民地教科書では多くみられた、集団秩序訓練を重視する「教練」に関する教材は「満洲」教科書では一つも確認できなかったことです。日本内地や他の植民地のような兵式体操や軍事教練を重視した軍国主義的傾向とは違い、特定の「満洲」教育においては、陸上競技、水泳競技、器械体操競技、スケート競技等、まるでオリンピックを見据えていたかのような先駆的なスポーツ教育が行われていました〔北島　二〇二一：一一七―一四二〕。今後、さらに検証を進める必要がありますが、具体例として、そのような「満洲」における教育・スポーツの一端を、当時の国民学校に在学した在満少国民[*1]である筆者の母の体験記録から見てみたいと思います。

三　「満洲」における教育・運動会・スポーツ
――在満少国民の体験記録より

本節では、筆者の母、吉岡数子[*2]が、「満洲」の幼稚園と小学校で当時体験した運動会・スポーツに関する語りを在満少国民の体験記録として、祖父（数子の父）岡田義宏が撮影した写真[*3]とともに紹介します。数子が幼児期に通っていたのは新京立正幼稚園、小学校一年からは新京櫻木小学校、四年三学期に転校し、五年からはハルビン白梅国民学校です。新京櫻木小学校は「満洲」の首都であった新京特別市、ハルビン白梅国民学校は濱江省ハルビン市にありました。

＊1　少国民
　戦時下の国民学校に在学した世代。一九二七年四月から三九年三月までに生まれた人で、「八紘一宇」という国民学校教育の理念をたたきこまれた世代〔吉岡　二〇〇二　一七九頁〕。

＊2　吉岡数子
　一九三二年、植民地朝鮮咸鏡南道咸興生まれ。朝鮮全羅北道全州で幼少期を過ごしました。一九三七年、父岡田義宏の満州拓殖公社出向にともない「満州・新京」に移住、幼稚園・小学校の時期は満洲教育を体験。一九四三年、ハルビンに転校。一九四四年、小学校六年の四月に日本へ移住し、翌年敗戦直後、教科書の墨塗りを体験することになります。
　一九五五年、大学卒業後は大阪市・堺市で小学校教員として勤務、満洲教育を原点とし、総合学習の実践・平和人権学習の教材化・パネル化・教科書研究に取り組み、自らが教員として総合学習の実践に活かしました。

＊3　祖父岡田義宏が撮影した写真
　官舎に現像用の暗室を持ち、写真好きだった祖父が撮影した写真の中には「満洲」の学校施設、「新京」の公園・

国民学校*は、「一般地在満国民学校（日本学校組合立二六五校）」、「開拓地在満国民学校（日本学校組合立二一六校）」、「鮮系在満国民学校」（一四校）の大きく三つに分かれます。数子が通った「一般地在満国民学校」は、新京特別市（一〇校）、奉天省（五九校）、安東省（一一校）、錦州省（一六校）、熱河省（六校）、吉林省（二一校）、通化省（一三校）、間島省（一四校）、牡丹江省（二五校）、三江省（九校）、東安省（一九校）、濱江省（一六校）、龍江省（一四校）、北安省（一〇校）、黒河省（八校）、興安東省（三校）、興安西省（三校）、興安南省（二校）、興安北省（六校）にあり［関東局官房学務課在満教務部　一九八九年：一八―四六］、「満洲」の国民学校は、数子が通っていた「新京特別市」を含む「一般地」、開拓移民対象の「開拓地」、朝鮮人対象の「鮮系」に分かれ、教育内容は一様ではありません。本書で取り上げるのはあくまでも「満洲」の教育施設における実践の一端であり、すべての学校に共通するものではないことをことわっておきます。

1　母が学んだ教科書

母、数子が学んだ教科書・教材は、『満洲補充読本』、満洲官製教科書（『マンシウ　一』『まんしう　二』『満洲　三』『初等科大陸事情　第四学年』『皇国の姿　上巻』『皇国の姿　第六学年』）です。一九四三年発行の満洲官製教科書が発行されたのは、数子が五年の学年であり、四年まで未発行でしたが、四年の時は担任の先生の机上に備えてあったため、暗記するほど目を通していたそうです。

内地の国定教科書は一年から購入しましたが、一・二年は、ほぼ官舎に置いたままで、学校で使用した記憶がないそうです。一・二年は、『満洲補充読本』を軸にした総合学習

施設等や学校行事、子どもたちの様子全体などが含まれていました。理由は不明ですが、国策「満洲移民百万戸計画」に伴う移民用地の取得・管理、開拓団の入植準備等を担った満洲拓殖公社の責任者として必要だったのかもしれません。これらは母の持ち帰った資料と確かな記憶を補って、当時の「満洲」教育をかなり正確に伝えてくれました。朝鮮総督府・満洲拓殖公社で植民地支配の加担者として官吏の道を進んだ祖父は一九三七年、満州拓殖公社出向、「満州・新京」に移住、一九四三年五月二五日、五二歳の若さで「満洲」で事故死（？）しました（「むすびにかえて」参照）。

*国民学校
一九四一年三月、それまでの小学校令を改正して国民学校令を公布、国家主義的な教育を行う錬成道場となりました。一九四一年四月から四五年まで国民学校と呼ばれました［吉岡二〇〇二：一七九］。

でした。国民学校三年は、国定教科書の修身・国語も使用した記憶が残っているそうです。以下、2～5は、母、数子の体験記録［吉岡 二〇二二］から引用して紹介します。

2 新京立正幼稚園

音楽遊戯劇「一寸法師」で蝶々役の私の写真（写真1）を見る度に、「お椀のお船に箸の櫂、一寸法師のひとり旅……」の歌（当時の歌のメロディも歌詞もはっきりと覚えている）に合わせて登場する一寸法師役の男の子に続いて、私が「蝶々がひらひら飛んできて、一寸法師さんどこ行くの」と歌いながら登場したことを昨日のことのように思い出します。私は父母が協力して作ってくれた羽根の衣装が大好きで、お遊戯会と陸軍病院慰問の後も何度も蝶々の衣装をつけて蝶々に変身して「蝶々がひらひら飛んできて、ハイさん**、ハイさんどこ行くの、私も一緒に連れていって」等と、即興の歌と自己流の踊りを、朝鮮人使用人のアイさん（少女）・ハイさん（少年）、日本人使用人のくみさん・みつのさんの前で披露していたようです。

お遊戯会の写真を見ると、蛙役・蜂役・とんぼ役・一寸法師役（数名）・お母さん役・女の子役・男の子役……が写っています。

「蛙がぴょんぴょん跳んできて、一寸法師さんどこ行くの」「みつ蜂ブンブン飛んできて、……」この劇遊びの展開が、単なるお伽噺話の域を超えた創作表現・創作ダンスの要素を含んでいたことに気づいたのは、小学校に勤務して低学年のリズム遊び・劇遊びを模索する中でした。物語に忠実な構成が当たり前の時代に自由な発想で次々に動物を登場させ、即興表現を重視したミュージカル風手法の振り付けがされたのは画期的

写真1　新京立正幼稚園の頃、一寸法師の劇で蝶々役になって（撮影：岡田義宏）

＊＊朝鮮人使用人、ハイさん
ハイさんは、祖父の軍馬・猟犬等の世話や訓練等を担って咸鏡官舎→全州官舎に住み込みで働いていました。満拓「新京」ハルビン官舎でも引き続き住み込みで、書生（他人の家に世話になって、家事を手伝いながら勉学する者）として、また、子どもの遊び相手としての役割も果たしていました。

な取り組みだったのです。種々の動物に変身して演じたり競ったりする画期的な手法は、立正幼稚園の運動会（写真2）や遠足・校庭外運動会（写真3）、園庭でのフィギュアスケート教室でも展開されました。

写真2　新京立正幼稚園の運動会（撮影：岡田義宏）

写真3　新京立正幼稚園の遠足・校庭外運動会（撮影：岡田義宏）

３　新京櫻木小学校

⑴一年（一九三九年度）：担任　山下先生

①運動会

写真4は、櫻木小学校の運動会、団体演技の様子です。祖父が撮影したこの写真には数子は写っていません。写真に写った団体演技は、マスゲームのように、整列して全員が前方を向いたフォーメーションで、一糸乱れずという緊張感はなく、何重かの円形で全員がセンターを向いたフォーメーションで、適度にリラックスしてのびのびと演技しているように見えます。

②プール

写真5は櫻木小学校に二つあったプールです。写真6は、夏休み水泳教室の様子です。

櫻木小学校には、低学年用・高学年用二つのプールがありました。夏休みにも水泳教室があり、四年までに深いプールですいすい泳げるようになっていました。当時水のないプールはボール遊び場でした。鬼ごっこやドッジボールやゴム跳び等をしました。何故か転んでも痛くなく、怪我をしませんでした。帰国した内地の国民学校にはプールはありませんでした。

五〇年前（一九七〇年代）、私が勤務していた堺市立日置荘小学校（一九七二〜一九七九年）にはプールがありませんでした。隣接する中学校のプールを学期末試験の期間中借りての「水遊び」の授業で「今から四〇年前、私が通っていた満洲の小学校には低・高学年用二つのプールがありました」と写真を見せると子どもたちは「ええっ！ そんなんずるい、先生ずるい、何で……」と口々に言いました。中学校の深いプールしか使えないこの子たち（一年）の言う通りです。

③スケート

一一月三日、四大節の明治節の後に始まる運動場の土手造りが完成した次の日の朝、突然（現れた）キラキラした一面のスケートリンクの光景は鮮明に残っています。『満洲補充読本』『満洲官製教科書』には、全学年スケート教材がありました。みんなスピード用とフィ

写真4　新京立正小学校運動会団体演技（撮影：岡田義宏）

写真5　新京櫻木小学校に二つあったプール（撮影：岡田義宏）

写真6　新京櫻木小学校夏休み水泳教室の様子（撮影：岡田義宏）

ギュア用二足のスケート靴を持っていました。月・水・土曜の午後には自由参加のフィギュア教室もありました。私は幼稚園でも園庭のスケートリンクで遊んでいたので、一二月には、スピードトラックをすいすいと滑れるようになりました。

山下先生は課外のスケート教室（スピードスケート）の指導もしておられ、一年から学校対抗スケート競技の選手になった私は、リレーのタッチ、コーナーキック等の指導を受けました。五歳から幼稚園でスケートを体験した私はその後も毎年学年代表に選ばれ、山下先生からリレーの指導を受けることができました。

④学校・運動場施設

一九八五年、初めて調査訪中で長春を訪れた時、思いがけず前述の二つのプール跡に出会うことができました。満拓所長官舎は爆破されていましたが、自宅から裏門が見えていた櫻木小学校は長春二中として、校舎も裏門近くにあった二つのプールも四六年の年を経て残っていました。

プールだけでなく、二階建て暖房・水洗トイレ完備・音楽室が三室あった校舎もそのままの形で残っていました。冬期はスケートリンク（フィギュアも）だった広い運動場のトラック表示は消え、周囲三面に設置されていた種々の遊具・固定施設（肋木《ろくぼく》・雲梯《うんてい》等）は残っていませんでした。一年の教室の窓の下に二重に並んでいた低鉄棒・職員室横の高鉄棒もありませんでしたが、鉄棒が設置されていた場所には鉄棒を彷彿とさせるような低木が整然と植えられていました。低・高学年用のプールや鉄棒の設置が、傀儡《かいらい》「満洲国」の首都「新京」特別市の在満小学校でなされていた事実をこの訪中で確認できました。

＊コラム・6

パイオニア的意識をもった教科書編輯者

「満洲」においては一九二四（大正一三）年四月より、南満洲教育会教科書編集部編『満洲理科学習帖』の使用を小学校四学年から高等科二学年まで順次開始した。これは教科書を用いず、学習帳だけで学習を進めるという画期的なものであった。これは内地とは気候・風土が大きく異なるので、国定教科書がそのまま使えないためでもあったのだが、いずれにせよ大正新教育運動の成果は、一足先に満洲などの植民地で教科書の形で実現されたことを意味する。

また現地民用の教科書編纂者においても改革のパイオニア的意識があった。「満洲国」の教科書づくりに従事した寺田喜治郎は後年こう語っている。「わたしの心ひそかにねらったものは、日本内地の小中学校教科書に新風を吹きこむようなものをつくることであった。日本の教育を満洲から改造しようというのである」。

ユニークな国史・地理統合教科書『皇国の姿』も、実は「文部省のテスト・ケースとして試作された」もので

⑤総合学習の実践

一九三九年四月、私は……櫻木小学校に入学しました。入学式直後の黒板の絵が私の三二年間の隠れ総合学習の起点になりました。担任の山下先生は、黒板一杯に色チョークで山を三つ描きながら「私は内地のこのような山の下で生まれたので山下と言います」と、絵の中に漢字で山下と書いて自己紹介をされました。

次の日の朝、川とめだかが描き加えられていました。めだかを数えたり、「めだかの学校」や「春の小川」を歌いました。たんぽぽとれんげの花を比べたり足し算もしました。満洲「新京」にはない山・川・めだか・たんぽぽ・れんげ等が次々に描かれていくのが楽しくて「山下先生は魔法使いだ」と思いました。……

山下先生の総合学習は、南満洲教育会発行『満洲補充読本　一の巻』が軸だったことが教科書研究を始めて改めて確認できました。……さらに櫻木小学校同窓会に参加して、山下先生が、「桜が咲かない満洲で『サイタ読本』は使えない」と『満洲補充読本』を作ったメンバーだったこと、総合学習実践の中心的人物だったこと、櫻木小学校低学年は学校ぐるみで総合学習をしていたことが明らかになりました。……

山下先生が滑れない子に寄り添った授業とリレー競技に勝つための指導を両立されていた姿勢は、体育を軸に総合学習を続けた私が、堺市に勤務して今なお継承されている堺市六年連合運動会の競技選手指導に関わり続けながら、全員が生き生きと参加できる連合運動会の内容創造を提起し続けた原動力になりました。何故か鮮明に覚えている山下先生の数々の思い出は、私が体育の授業づくりを通した隠れ総合学習実践

あり、「戦後の国定教科書（社会科のそれであろう＝筆者、磯田注）に大きな示唆を与えた」といわれている。同じく植民地といっても、朝鮮や台湾では国民学校制度施行以前は日本人の子どもは原則として内地と同じ国定教科書を使っていたようであるが、満洲のばあいはすでに理科のほか、唱歌、家事、国語副読本（満洲補充読本）、地理歴史補充教科書等を編纂し使用していた。このような現地独自の正教科書や副教科書を早くから作っていたことが、国民学校制度が内地と同時に施行されてからも、『皇国の姿』「国民科大陸事情」のような新しい教科書や科目を生み出した伏線と考えられる。（［磯田　一九八九：一六―一九］より引用）

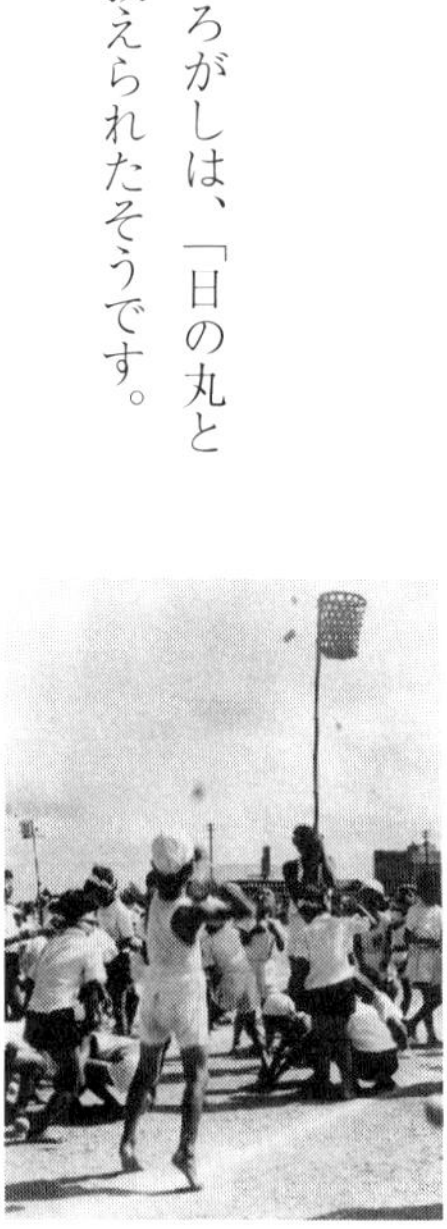
写真7　新京櫻木小学校　玉入れ（撮影：岡田義宏）

の指針になりました。

(2)二年（一九四〇年度）：担任　林先生

①運動会

写真7は、櫻木小学校二年の運動会です。紅白玉入れ・大玉ころがしは、「日の丸と爆弾」、万国旗の上に日の丸を揚げる意義と「大東亜共栄圏」を教えられたそうです。

一九四〇年度は、紀元二六〇〇年[*]、その年の櫻木小学校二年の運動会で鮮明に脳裏に植え付けられているのは万国旗と国旗掲揚台の日の丸の講話の内容です。「今年の運動会から万国旗を吊ります。万国旗の中に日の丸はありません。日の丸は万国旗を束ねた国旗掲揚台の上に高々と翻っています。八紘一宇です[**]」の講話が校長先生だったか、体育の先生だったのかは定かではありません。

朝礼で一年の時はなかったラジオ体操が始まったのは二年の一〇月頃でした。林先生の授業とは全く違う朝礼とラジオ体操は大嫌いでした。朝礼でのラジオ体操は一ヶ月ぐらいでいで終わったようです。

②スケート

一一月半ば過ぎには運動場はスケートリンクになり、……土曜の午後にはフィギュアの特別レッスンもありました。林先生にフィギュアスケートを教えて貰った記憶が蘇ったのは『満洲補充読本　二の巻』『まんしう　二』等復刻版に出会った時でした。

＊紀元二千六百年記念式典
　総力戦下に天皇中心主義を強化する目的のもと、各地で挙行された奉祝行事で、一九四〇年は、初代天皇の神武天皇即位から二千六百年目にあたるとした、皇国史観に基づく祝典〔吉田ら編　二〇一五：一一三三〕。

林先生の総合学習も『満洲補充読本二の巻』を中心に展開されたと考えられます。復刻版を購入して「一　アサ」、「二　タネマキ」、「三　やなぎ　の　わた」、「八　きしゃ」、「九　ろば　と　かささぎ」、「一八　スケート」、「二十三　おぢいさん　と　おばあさん」は確かに私の意識野に残る懐かしい教材でした。特に「スケート」は四頁半に亘った「はじめてのスケートをはいてみました。あしがくねくねとしてまっすぐに立つことが出来ません。……少しづつすべれるやうなりました。……一やすみしてあせをふきながら、向かふの方を見ますと上のくみの人が、つばめのとぶやうにすべっていました」の詳しい描写を、はっきりと思い出せました。

4　新京櫻木国民学校

⑴三年（一九四一年度）：担任　佐倉先生

①国民学校

三年になった一九四一年四月から在満小学校は在満国民学校に変わり、教室はミニ軍隊のようになりました。私は一・二年が楽しい総合学習だったので、三年から急に変わった軍国主義教育に戸惑いました。椅子の座り方や教卓への視線の角度等を強要されて、学校が大嫌いになりました。先生の言うことをすぐ聞かなかったり、教科書の扱い方が悪かったり、朝礼の並び方が遅かったり、真っすぐに並べなかったりすると、「非国民」と怒られました。「怪我をするのも病気になるのも非国民、君たちは天皇陛下の赤子です。自分の体ではないのだから怪我や病気をしないように」と言われました。

＊＊八紘一宇

「神武天皇が『八紘《あめがした》をおおいて宇《いえ》と為《せし》むこと、またよからずや』という神のお告げを受けた」という神話（『日本書紀』巻三）から使われた言葉。世界を一つの国家に見立てて、その主人に日本が君臨するということ［吉岡二〇〇二：一七九］。

アジア・太平洋戦争期の大日本帝国の戦争目的を示す用語。地の果てまでを一つの家のように統一して支配すること。「日本書紀　神武即位前己未年三月」の「兼六合以開都、掩八紘而為宇、不亦可乎」に基づくもので、元来は国の内を一つにする意でしたが、太平洋戦争期、海外侵略の口実にもなりました。［吉田ら編　二〇一五年：五四六、『日本国語大辞典』小学館　精選版　二〇〇六］

②運動会

国民学校最初の運動会*は前年度紀元二六〇〇年記念運動会同様、万国旗を束ねた形で屋上国旗掲揚台に掲げられた日の丸の下で行われました。当時外地満洲の運動会と内地運動会が全く違う内容だった事が私の三一年間の「楽しい体育を軸にした隠れ総合学習実践」の原点になりました。朝礼講話で「紅白玉入れ・玉転がしは『日の丸と爆弾』」と教えられましたが、実際は楽しい競技でした。戦時中の内地の運動会や体育の授業が軍国主義の色彩が強い内容を継承していましたが、満洲の運動会は国民学校時も陸上競技大会の色彩が強いリレー（写真8）・体操・ダンスを重視したプログラムでした。

二年から始まった朝礼でのラジオ体操の指導は一段と厳しくなり、在満少国民として東京の宮城の方を向いて最敬礼（宮城遥拝）・日の丸掲揚の後、「国のために役に立つ立派な体を鍛えます」と、ラジオ体操をさせられました。

③スケート

小学校は国民学校、小学生は少国民に変わったこの時期、在満少国民の私たちが楽しみにしていたスケートの時間は、スピードを競う競技一色になりました。『満洲　三年』の「十二月の日記」のスケート競争の挿絵と、「学校で体操の時間に、三年ぜんたいのスケート競技をした。二組が一番だった」とあるようにクラス対抗・学校対抗競技に向けての特訓のようなリンクになり、一・二年時のフィギュアスケート教室はなくなってしまいました。

就学前からスケートに親しんできた私たちは厳しくなったスケートの授業もさほど

写真8　新京櫻木小学校運動会「学級対抗リレー」（撮影：岡田義宏）

＊「満洲」と「運動会」

「満洲」をめぐる体育研究の系譜には、高嶋［二〇一八］が指摘しているように、笹島［一九六五］、入江［一九九三・一九九四ａｂ・一九九五ａｂ・一九九七］の研究等わずかしかなく、いずれも満洲国を直接の対象としており、満洲国建国以前のスポーツについての研究は見当たりません。

苦痛ではありませんでしたが、三年で初めてスケートを始めた級友たちは大変だったと思います。

国民学校になって外来語（ドイツ語・イタリア語以外）が禁止になりました。しかし、スケートだけは別でした。「明日スケート靴を持ってくるように」との指示を、先生はスケートと言えないのでスケート靴を提示して「これを持ってくるように」と言われます。私たちが「明日スケート？」と問い返すと、先生はいつも「スケートじゃなくてこれ」と困った顔をされたことを覚えています。今、考えると、内地文部省の指示による「禁止外来語の日本語表示例？」に「スケート」は記入されていなかったのでは、と思われます。

(2)四年（一九四二年度）：担任　高瀬先生

①運動会・音楽遊戯会

櫻木国民学校四年担任は、音楽が得意な（全校朝礼のピアノ伴奏等も）高瀬先生でした。……高瀬先生の指導で歌った櫻木国民学校運動会の歌と櫻木小学校校歌の全校練習を思い出します。しかし、歌詞は全く覚えていませんでした。

一〇月に行われた新京特別市櫻木国民学校四年時の運動会の写真は私のアルバムにはありませんが、四歳下の弟が保管していた父の「雑写真箱」の中から四年二組（全員女子コーラス部）担任の高瀬先生ご指導で毎日練習して出場した春・秋の女子コーラス大会の後の音楽遊戯会と思われる不鮮明な紙焼き写真（写真9）を見つけました。持ち帰って拡大コピーをしてみると、私の意識野に残る新京特別市（一〇校）学校対抗コンクールの後、運動場（櫻木校ではない）で「しょ　しょ　しょうじょうじ」と歌いながら輪になっ

写真9　自校外の小学校運動場で四年女子全員で踊ったダンス（撮影：岡田義宏）

て踊った記憶があるダンス風景でした。

この年の櫻木国民学校運動会では、四年女子は二重のトラックラインに沿って音楽遊戯をした記憶が鮮明に残っています。頭に手作りのタヌキの被り物をつけて踊った唱歌・童謡ダンスは私の楽しい運動会団演創作の原点になりました。

5　ハルビン白梅国民学校

(1)五年（一九四三年度）：担任　溝川先生

①体育室（跳び箱室）

私は体育室での跳び箱が大好きで、始業前・遊放時・放課後この部屋で跳び箱遊びをしていました。〔父の事故死（？）で〕内地に帰国後の跳び箱の思い出は「教練」の時間に「戦地でトーチカを乗り越える訓練」として行った六段の跳び箱一台を一列に並んで順番がきたら跳んだ記憶しかありません。在満国民学校の二階の広い体育室は、自主練習場だったのです。

溝川先生は教室から直ぐの体育室に放課後よく来てくださいました。先生が来られると入室、私は先生が退室されるまで挑戦を続けました。

高い跳び箱が設置されるハルビン白梅国民学校高学年用体育室での跳び箱が功を奏し、敗戦直前に帰国した私は女学校受験で（面接と跳び箱……）、身長より高い跳び箱を難無く跳び越えることができました。私が鉄棒・跳び箱等器械運動に興じられたのは、在満国民学校の「体錬科」では、体操の種目の授業や体育施設が充実していたからです。

○コラム・7

王道楽土

王道楽土とは、「王道にもとづいて治められる安楽な土地」という意味で、「満洲国」の建国における根本理念です。「五族協和」（漢民族、満洲族、朝鮮族、蒙古族、日本が協和しようというスローガン）とならぶ建国の国家としての方針として唱え導き、政治的議論では王道政治、王道主義と言いかえられました。王道思想は古代中国に根源をもち、孔子の「春秋」における仁の理想を事のはじまりとして、孟子の人倫を根底とする王道論において発展をみました。満洲国では、日満一徳一進の関係において、万世一系の皇統を保つ「皇道」が王道の中心に根を下ろし、君民一体で皇帝の統治をたすけることで、天業翼賛の姿として王道政治があらわれ出るものとされました。王道楽土はこうした政治原理から離れて官民における満洲国宣伝のスローガンとなり、映画や文芸や歌曲において満洲国をユートピアとして宣伝することで満洲開拓移民の奨励に利用されました［吉岡　二〇〇二：一八〇、貴志ほか　二〇一二：二四五―二四六］。

②運動場

運動場がスケートリンクになっても運動場の周囲に設置されていた種々の遊具・固定施設（鉄棒・肋木・雲梯等）を巡って鬼ごっこをした体験が、後の中・高学年体育授業で実践した連続サーキット運動のルーツになりました。

③スケート

一一月初めから運動場はスケートリンクになりスピードスケート競技に向けての練習が続きました。

④プール

水泳の授業は体験しなかったので、プール遊びの記憶はありませんが、ゴムまりつきは、帰宅後官舎の裏玄関前のコンクリートや二階のプレイルームで毎日のように童歌を歌いながら続けていたことを思い出します。

⑤武道

内地の国民学校で行われていた武道（剣道・柔道・薙刀）が、在満国民学校では全く実施されなかったのは、内地とは違う満洲独自の「体錬科」*だったからだと思われます。内地の国民学校六年の「体錬科」の内容は、「教練」「武道（薙刀）」が中心でした。私が内地に帰国して体験した薙刀の授業は、白梅在満国民学校では行われていませんでした。

＊体錬科

一九四一年、国民学校初等科六年制の教科は、国民科（修身・国語・国史・地理）・理数科（算数・理科）・体錬科（体操・武道）・芸能科（音楽・習字・図画・工作・裁縫（傍線は女児））でした。母が通った外地ハルビンの国民学校の体錬科（白梅国民学校の通知票の表記は「体練科」）は、内地のような武道・教練の時間はありませんでした。内地ではほぼ毎日実施されていた「ラジオ体操」も外地ハルビンの国民学校で実施したことは、ほとんど記憶に残っていません。外地ハルビンの国民学校「体練科」の内容は、スポーツが中心でした。

6　まとめ

前述の体験記録から、水泳に関する施設環境や教育レベルが内地とは比較にならないほど高かったことがわかります。当時の内地では水泳の授業はなく、プール施設も無いのが一般的でした。現代の日本でもプールが二つある小学校の話を聞いたことがありません。転んでも怪我をしないプールの素材が使用されていた可能性も考えられます。

　また、「満洲」の気候がスケートを実施する自然環境として適していたことが前提にあったとは言え、その教育レベルの高さには驚愕しました。「満洲」では、校内競技大会、学校対抗競技大会まで実施されていたのです。

　筆者が幼い頃の冬の休日、電車で何駅かの場所にあったスケートリンクに家族で出かけた時、「何故、母はこんなに上手にスケートを滑れるのだろう?」と不思議に思い、尋ねたところ、「『満洲』の小学校にはスケートリンクがあったから」「学校で習ったから」という答えに、当時の私の理解ではますます疑問が深まるばかりでした。幼稚園からこのような恵まれた環境で、これだけのレベルの学校教育を無償で受けていたのですから、当然の成果だったということです。

　戦時色が濃くなり、軍国主義的な教育が重視されていた当時の内地とは比較の対象にすらならず、現代でさえ、スケート技術を習得するためには、学校以外のスクールに有償で通う必要がありますので、スケートに関する環境・教育レベルは非常に高かったと言えます。このように、「満洲」教育においては、陸上競技、水泳競技、器械体操競技、スケート競技等、まるでオリンピックを見据えていたかのような先駆的

○コラム・8

「満洲」と「スポーツ」

　「満洲」におけるスポーツに関する先行研究として、近年では、高嶋航[二〇一二、二〇二〇ほか]が精力的に研究成果を報告しています。「満洲国」建国後、スポーツは民族融和、五族協和の媒体として利用されたこと、建国当初から、「満洲国」は自らを表象する媒体としてスポーツを重視したことが、高嶋により指摘されています[二〇一八]。また、金誠[二〇一七ab、二〇二〇]による「満洲国建国記念連合大運動会」やスポーツ交流とスケートに関する研究等があります。

　五族協和とは、日本人・漢民族・満洲族・モンゴル族・朝鮮族の五族（そのほかに少数の白系ロシア人とよばれる定住者がいた）がそれぞれ対等平等に繁栄するという新国家理念の国というスローガンでした。しかし、「民族協和」は対外的な仮面であり、日本は一貫して「皇民化」を追求し[野村　一九九五：一七、三二]、実態は、アジア諸国民、とりわけ中国人民に差別と屈辱を敷いていたことが指摘されています[海老原　一九九三：九]。

なスポーツ教育が行われていました。

　山下先生を初めとした担任教員に関する母、吉岡数子の体験記録からは、「満洲」教育に携わった教員の質の高さと豊かな人間性が伝わってきます。日本では、二〇〇〇年度から小学校から高校まで「総合的な学習の時間」が一斉にスタートしましたが、既に「満洲」では、当時、児童にとって魅力的な総合学習の授業が小学校低学年を中心に実施されていました。「満洲」教育における総合学習と、戦後それを教員として継承した吉岡の総合学習実践の記録は、現代と未来の教育現場にとって有効な資料となることでしょう。

むすびにかえて

　植民地朝鮮で生まれ、在満少国民として「満洲」教育を体験した母、吉岡数子が、戦後、大学二年時に教育実習で出会った藤ノ森小学校の指導教員は、「満洲」で教員をし、引き揚げて来られた先生でした。「私も『満洲』で総合学習を実践しました」と聞き、京都はコアカリキュラム*であったこともあり、教育実習で総合学習を実践したそうです。母は大学卒業後、小学校の教員になり、総合学習を実践していました。新卒一九五五年に、一九四六年五月文部省発行『新教育指針』と出会い、その内容はまさに「満洲」で実践され、体験した教育そのものだと確信したそうです。

　一九四六年五月文部省発行の『新教育指針』には、第一部、「前篇　新日本建設の根本問題」全六章の内、第二章は「軍国主義及び極端な国家主義の除去」、第六章は「結

＊コア・カリキュラム
　『精選版日本国語大辞典』によれば、教育課程の全体のうちの、中心となる課程、または、中心課程を核にして組織統一された教育課程の全体。一九三〇年代のアメリカで、社会連帯性を学習させるためにとられたもので、問題解決を中心とする総合学習を特色とする。日本では、第二次世界大戦後、一時小学校で社会科を中心課程とする試みが流行した。

　単元構成の基本を子どもの「生活経験」に求め、様々な生活経験や学習素材が子どもの学習活動を通して統合されていくための指導過程や教育技術、あるいは学習形態などの方法的側面に関心を寄せる傾向を有したのが、コア・カリキュラム型の教育実践であった。コア・カリキュラムは、日常生活における諸問題の解決を学ぶ「生活単元学習」を中心課程とし、問題解決のために必要とされる知識・技術などを周辺課程に位置づけ、各教科間および教科外活動との相互関連を重視するものである。［山本　二〇一四年：三五一］

論――平和的文化国家の建設と教育者の使命」、「後篇　新日本教育の重点」全七章の内、「第三章　女子教育の向上」、「第五章　體育《たいいく》の改善」が挙げられています。

例えば、「三、女子教育は何をめあてとすべきか」には、「これからは、男も女もその力を十分にのばされ、ひとなみに社会に出て考え、かつ判断する力を得るやうに教育されなければならない。女だからといつて、早くからその力をおさへられたりゆがめられたりすることは、単に女のために不幸であるばかりでなく、社会全体のための損失である」と、現代でもまだ実現できていないような、理想的な文言が示されています。

ここでは、「第五章　體育の改善」に着目します。「二　體育はどんな風に改められるべきか」では、「（一）取り除くべき教材と取り入れるべき教材」には、「まづ軍国主義的なものと極端な国家主義的なものをとり除き、明朗で平和的なものにおきかへなければならない。マッカーサー司令部の指令により、軍事教育の学科及び教練はすべて廃止することになつてゐる」。……「取り除かれた體育の諸種目に代わるべきものとして、新たに取りいれようとする場合には、何よりもスポーツがよい。これは自主的な活動を通して明朗な気分、協同と秩序を尊ぶ精神、公正な競争心、責任観念、忍耐力を養ふ上に効果が多い。だから例へば籠球、排球、蹴球、ラグビー蹴球、野球、庭球、ボートその他適当なものを適宜実施せしめるのがよい。なほ短距離、中距離、長距離、走巾跳、棒高跳、砲丸投、円盤投、槍投などのいはゆる陸上競技、鉄棒、平行棒、吊環、鞍馬等の器械體操、スキー、スケートなどのやうな種目も適宜とりいれてよいであらう」と示され、「（六）たのしい体育」についても提唱されています。上記、『新教育指針』の内容は、體育が、軍国主義的な教練重視ではなく、「スポーツ」重視という視点において、まさに「満洲」教育・スポーツの特徴を彷彿とさせます。

「三、體育はどうして普及させるか」では、「(一) 體育施設の利用」には、運動場の有効利用のために「時間割を工夫」することや、古靴下を活用して手頃の球を作るというような運動用具に関する工夫が紹介されています。「(二) 教材の選択と簡易化」には、不器用な者、修練度の低いもの、初心者の視点に立った記述です。「(三) 修練のしげき」には、第一は、「……随時に記録会をもよほし、あるひは他の学級・学年・学部などとの間で記録をつくる競技会をもよほすのもよい」、第二の方法は、「各種のスポーツの校内試合を開くことである……試合の方法も代表選手組のほかに、第二選手組、第三選手組等々と多くの組をつくり、その間で試合が行はれるやうに運営すれば、ほとんど全員がいづれかの試合に参加することができるのである」。第三の方法は、「……各種のスポーツについて対抗試合を行ふ。……多数校で行ふ方法をとるのもよい」と示されています。これらは、いずれも、母、吉岡数子が「満洲」教育で体験した実践そのものです。

前述のように、「『満洲』は実験場だった」と言われていますので、「満洲」教育が、戦後の教育に活用されることは、想定内のことなのかもしれません。そうであったとしても、「満洲」で実践されていた教育・スポーツがあまりにも先駆的で、むしろ現代の方が退化しているのではないかと危惧する側面もあるように思います。「満洲」教育・スポーツを探求することは、現代の教育現場にも一石を投じてくれるのではないかと確信しています。

「農という天に授けられた聖職を最大限に生かし、大地に新しい形でこれを振興させたかった」という祖父、岡田義宏（享年五二）の遺稿があります。晩年は故郷に帰って、科学に根ざした農業の発展に尽くすことを夢見ていたそうです。祖父は生涯、農事試験場での研究を続けたかったことでしょう。しかし、朝鮮・「満洲」侵略の国策により朝鮮総督府、満洲拓殖公社と侵略の加担者としての道を歩みました。ハルビンに赴任してからの祖父は、日に日に笑顔が消え、趣味の写真撮影・現像、乗馬や狩猟に行くこともなくなりました。祖父は事故死する数年前から祖母に「こんなことをしていてはいけない。日本へ帰りたい。子どもたちにもこんな生活をさせてはいけない。辞表を出したい」と言っていたそうです。

　祖父は、一九一八年、東京帝国大学農学部を卒業後、香川県農事試験場長を経て、一九二七年、朝鮮総督府へ赴任しました。各地の農政関係の最高責任者である農務部長と農事試験場長を歴任し、一九三七年、国策で日本政府から旧満州国政府に派遣されました。満州国拓殖公社新京（現長春市）所長兼参事、一九四二年、ハルビン市へ転任、ハルビン所長兼本社参事に配属されました。ハルビンがある黒竜江省は、内地から多くの開拓団が送られてきた場所であり、祖父は、満拓ハルビンの責任者として、関東軍に護られ黒竜江省の肥沃な農地を物色する仕事を進めていました。農学専門の祖父は、肥沃な土地を見分けることができました。

　一九四三年五月二五日、祖父は会社の人たちとの釣りに、国民学校一年の母の弟を連れて松花江の太陽島に行っていました。釣りを中断するほどの雨ではなかったようで、祖父だけが息子を抱いて小屋で雨宿りをしていました。そこへ落雷。母の弟の命は助かりましたが、祖父は即死に近い状況だったそうです。その日は祖父の誕生日で、

写真10　祖父の岡田義宏（一九四二年、ハルビン市、写真提供：吉岡数子）

予定されていた祝宴に家族も同席するはずでした。祖母が落雷事故当時のことを「小屋の下にはかなりの金属のようなものが埋まっていたそうよ」と言っていたのを聞いて、祖父は仕事柄小屋の下の金属のようなものの存在を知っていたのではないかと、母は思いました。事故死の前日のことを、祖母は「お父さんは事故死の前日、社員を集めてかなり長い時間話をしたそうよ。そのなかで『人間は死んでも霊魂は不滅なんだ』ということを何度も繰り返したそうよ。不思議だね」と語っていました。また、祖母はつねづね祖父の死のことを「お父さんは家族を無事に日本に帰してくれたのよ。お父さんが事故死していなかったら、おそらく家族全員殺されていたか、餓死したか、残留孤児になっていたでしょう。お父さんの後任の方はソ連参戦とともにいちばん最初に殺されなさったそうよ」とも言っていました。祖父は事故死の前夜、祖母には、自分にもしものことがあったら、すぐに日本に帰国するようにと、「満洲」を離れる際の手続き等、大切なことを伝えていましたが、通じませんでした。

一九八五年、母が最初の訪中でご一緒だったハルビン生まれのTさんが「吉岡さんのお父さんの事故死のことを話したら、両親はその日の新聞記事の内容をよく覚えていました。釣竿を一杯に長く延ばし先に釣り針をつけ、しかも竿を胸に付けて持っていたと書かれていたそうです。そんなことをしたら危ないことをよくご存じの方なのにとみなで話し合ったようですよ」と証言してくださいました。

母は、小学五年の時に父親を突然失い、戦争による多くのトラウマをむしろバネにして、植民地朝鮮・「満洲」で体験したことや、戦後小学校教員として実践してきた記録を残そうとしています。母は戦後旧植民地を巡る調査を自費で続けるうちに、祖父は事故死ではなく自死であったと確信するようになりました。

敗戦前に祖父が急逝したため、母は敗戦を待たずに内地に引き上げました。祖母が話していたように、もし、敗戦前に祖父が落雷死していなければ、母は家族と共に「満洲」で命を落としていたか、「残留孤児」になっていたかもしれません。ましてや引き揚げの混乱の中、写真を持ち帰ることなど不可能だったはずです。ハルビン白梅国民学校の級友たちのほとんどが、帰国できなかったそうです。母は、自分の家族だけが敗戦直前に帰国してしまった自責の念と、祖父だけでなく、子どもであっても植民地支配の加害者だったという贖罪の思いを繋いで、自分の体験したことを次世代に伝えるための活動を八九歳になった現在も続けています。

私は、母の活動を引き継ぐために、二〇〇六年から教科書研究をスタートし、二〇〇七年から教科書総合研究所（大阪府堺市所在）を共同主宰（吉岡数子・北島順子）し、共同研究を継続しています。二〇一九年三月、中国大連外国語大学日本語学院主催「首届〝日本殖民教育史暨口述史〟国際学術研討会」（第一回「日本植民地教育史と口述史」国際学術シンポジウム）に二人で招待参加した貴重な機会は、母にとって五〇回目の東アジア調査研究の旅でした。

戦後七七年、戦争体験者の語り部が年々減少していく中、私にできる事は、教科書研究を継続し、日本の国定・植民地教科書分析を通して、植民地教育と身体文化について検証し情報発信することです。その積み重ねが戦争の記憶継承につながり、戦争の歴史の風化を阻止するために重要な役割を果たすと考えています。

本書の執筆・発刊はその一環であり、このような機会に恵まれたことに感謝してい

写真11　招かれて基調講演をおこなう吉岡数子（二〇一九年、中国大連外国語大学日本語学院にて。写真提供：吉岡数子）

ます。やり遂げたかった研究の道を閉ざされてしまった祖父の想いも胸に、引き続き「『満洲』教育・スポーツ」に関する研究を進めていきたいと考えています。現在取り組んでいる「近代日本の植民地教育と身体文化」をテーマに、戦争の記憶を、どのように次世代へ伝えていくかが今後の課題です。

調査研究にあたり、玉川大学教育博物館に資料収集のご協力をいただきました。本研究を進めるにあたり、特に、北海道大学西尾達雄名誉教授、大阪府立大学小股憲明名誉教授、神戸大学大学院長志珠絵教授にご指導賜りました。また、日本植民地教育史研究会、新世紀人文学研究会、東アジア教育文化学会、スポーツ史学会、21世紀スポーツ文化研究所研究会において、会員の先生方から数々の貴重なコメントを頂戴しました。本書の執筆・出版に際し、本研究会の佐藤広美前代表、岡部芳広現代表、小林茂子会員のご尽力と、風響社の石井雅社長、その他、すべての皆様に、心より感謝申し上げます。

〔附記〕本書の一部は、平成二五〜二七年度科研費基盤研究（B）（一般）「日本植民地・占領地教科書にみる植民地経営『近代化』と産業政策に関する総合的研究」（研究代表者：西尾達雄、課題番号：25285208）によるシンポジウム、研究成果報告書で報告しました。

引用・参考文献

入江克己
一九九三〜一九九五、一九九七「日本近代における植民地体育政策の研究（第一〜六報）」『鳥取大学教育学部研究報告　教育科学』鳥取大学。

磯田一雄
一九八九「第一章『大東亜教育』と旧『満洲』の教科書」『復刻　満洲官製教科書＝解説』ほるぷ出版。

磯田一雄・槻木瑞生・竹中憲一・金美花編
二〇〇〇『在満日本人用教科書集成　第七巻　満洲唱歌集』柏書房。

石橋武彦・佐藤友久
　一九六六『日本の体操――百年の歩みと実技』不昧堂出版。
稲垣正浩
　二〇〇四『身体論――スポーツ学的アプローチ』叢文社。
宇賀神一
　二〇一八「『満洲』の国語教育実践上における『満洲補充読本』の位置」日本植民地教育史研究会編『植民地教育史研究年報』第二〇号、一〇六―一二六。
　二〇二〇「満洲新教育」の構造――『満洲補充読本』の改訂を手がかりに」佐藤広美・岡部芳広編『日本の植民地教育を問う　植民地教科書には何が描かれていたのか』、皓星社。
　二〇二二『石森延男研究序説』風間書房。
海老原治善
　一九九三「研究視角と方法論――『満洲国』教育史研究の今日的意義」、「満洲国」教育史研究会、『満洲国教育史研究』第一号、東海教育研究所。
大熊廣明
　二〇〇一「わが国学校体育の成立と再編における兵式体操・教練採用の意味――明治・大正期を中心として」筑波大学体育科学系紀要。
大森直樹
　一九九三「『満洲国』教育と日本人」「満洲国」教育史研究会編集『「満洲国」教育史研究』東海大学出版会。
　一九九八「報告・日本における『満洲国』教育史像の検証――『美談』から『他者』の視点へ」植民地教育史年報　第一号、皓星社。
唐澤富太郎
　一九五六『教科書の歴史』創文社。
韓　暁
　一九九三『七三一部隊の犯罪』山辺悠喜子訳、三一書房。
関東局官房学務課在満教務部
　一九八九『昭和一六年度　在満日本人教育施設要覧』・『復刻・満州官製教科書』ほるぷ出版。

貴志俊彦・松重充浩・松村史紀編
二〇一二　『二〇世紀の満洲歴史事典』吉川弘文館。

北川知子
二〇〇四　「朝鮮総督府編纂『普通学校読本』の研究――児童の「生活」に着眼した教材について」植民地教育史研究年報第六号、皓星社。

北島順子
二〇〇八　「近代教科書にみる『健康』・『体育』の思想（一）――国定教科書の中の『運動会』に関する記述・記載の検証」『関西教育学会年報』。
二〇〇九　「近代教科書にみる『健康』・『体育』の思想（二）――国定教科書と日本植民地・占領地（南洋群島）教科書の中の『運動会』に関する記述・記載の比較検証」『IPHIGENEIA』創刊号（通号　九号）。
二〇一四　「ダンス必修化の意義を問う――ダンス教育の二つの側面：『身体規律』と『心身の解放』に着目して」『ダンスセラピー研究』第七巻、第一号。
二〇一五ａ　「植民地教科書に見る身体と近代化」『植民地教育史研究年報』一七号、皓星社。
二〇一五ｂ　「一　日本の国定・植民地・占領地教科書の中の『運動会』」北島順子・吉岡数子『教科書が語る戦争』大阪公立大学共同出版会（ＯＭＵＰ）。
二〇二〇　「台湾・朝鮮・南洋群島教科書に描かれた身体と近代化」、佐藤広美・岡部芳広編『日本の植民地教育を問う　植民地教科書には何が描かれていたのか』、皓星社。
二〇二一　「教育におけるダンス・ムーブメントセラピーの可能性と展望――ストレスマネジメント教育とコミュニケーション教育の場に着目して」『ダンスセラピー研究』第一三巻第一号、日本ダンス・セラピー協会。
二〇二二　「『満洲』における新教育・教科書にみる身体――スポーツに着目して」『新世紀人文学論究』第四号　特別記念号　新世紀人文学研究会。
二〇二三　「『九・一八事変（満州事変）』は日本の戦中戦後教科書の中でどのように記述記載されてきたのか」『新世紀人文学論究』第六号　新世紀人文学研究会。

木下秀明
二〇一五　『体操の近代日本史』不昧堂出版。

木村吉次
　二〇〇一「運動会はどのようにして生まれたのか」『東海保健体育科学二三』。
教育思想史学会
　『教育思想事典』勁草書房。
許　佩賢
　二〇〇九「戦時期台湾の学校生活における規律と戦後」磯田一雄訳『植民地期東アジアの近代化と教育の展開――一九三〇年代〜一九五〇年代』独立行政法人日本学術振興会平成一八年度〜平成二〇年度科学研究費補助金（基盤研究(B)）研究成果報告書。
金誠
　二〇一七a「リットン調査団と満洲国建国記念連合大運動会――関東軍による宣伝・宣撫工作としてのスポーツ」『札幌大学総合論叢』四四号。
　二〇一七b『近代日本・朝鮮とスポーツ――支配と抵抗、そして協力へ』塙書房。
　二〇二〇「帝国日本と国境のスポーツ史――安東・新義州のスポーツ交流と鴨緑江のスケート」『史潮』新八八号、歴史学会、三〇―四七頁。

久住栄一・藤本元次郎
　一九二四『公学校各科教授法全』台北新高堂蔵版（奥付が欠落しているが、諸言に記載有）。

呉　成哲
　二〇〇九「朝鮮の植民地学校の規律とナショナリズム」『植民地期東アジアの近代化と教育の展開――一九三〇年代〜一九五〇年代』独立行政法人日本学術振興会平成一八年度〜平成二〇年度科学研究費補助金（基盤研究(B)）研究成果報告書。

京都新聞
　二〇一八「近代再考――求められた強さと規律」（三月二六日付）。
黒田　勇
　一九九九『ラジオ体操の誕生』青弓社。
小林茂子
　二〇一九『砂糖と移民からみた『南洋群島』の教育史』風響社。
合津美穂

二〇〇九「第三期台湾読本にみる『内地化』と『台湾化』――第三期国定読本との比較を通じて」平成一八年度~二〇年度科学研究費補助金（基盤研究(B)（一般））研究成果報告書『日本植民地・占領地の教科書に関する総合的比較研究――国定教科書との異動の観点を中心に』。

坂上康博
一九九八『権力装置としてのスポーツ』講談社。

佐々木浩雄
二〇一三「パフォーマンスとしての集団体操――一九三〇年代における体操の国民的普及への動向」瀬戸邦弘・杉山千鶴編『近代日本の身体表象』森話社。
二〇一六『体操の日本近代　戦時期の集団体操と〈身体の国民化〉』青弓社。

佐藤秀夫
二〇〇二「第二章　運動会の歴史」佐藤秀夫編集『日本の教育課題　第五巻　学校行事を見直す』東京法令出版、二四五―二四九。
二〇〇五「運動会の考現学」『教育の文化史――学校の文化』阿吽社。

笹島恒輔
一九六五「旧満洲国の体育とスポーツ」体育研究所紀要　五（一）：七―二六。

清水　諭
二〇〇一「係留される身体――身体加工の装置としての学校と消費社会における身体」杉本厚夫編『体育教育を学ぶ人のために』世界思想社。

寒川恒夫
二〇〇二「綱引きのコスモロジー」佐藤秀夫編『日本の教育課題　第五巻　学校行事を見直す』東京法令出版。
二〇一七「歩き方の文化――日本人はナンバで歩いたか」寒川恒夫編『よくわかるスポーツ人類学』。

高嶋　航
二〇一二『帝国日本とスポーツ』塙書房。
二〇一八「満洲における日中スポーツ交流（一九〇六―一九三二）：すれちがう『親善』」『京

都大学文学部研究紀要』(五七)。
二〇二〇　『国家とスポーツ』株式会社KADOKAWA。

武智鉄二
一九八五　『舞踊の芸』東京書籍。

竹之下休蔵・岸野雄三
一九八三　『近代日本学校体育史』日本図書センター。

田中智志
二〇〇三　「体育と軍隊――身という全体性」『教育学がわかる事典』日本実業出版社。

朝鮮総督府
一九二四　『小学校普通学校体操教授書　全』。
一九二五　『普通学校国語読本巻二　編纂趣意書』。

鄭　根埴
二〇〇四　「植民地支配、身体規律、『健康』」水野直樹編『生活の中の植民地主義』人文書院。

槻木瑞生
二〇〇七　「3. 満洲教育史」教育史学会編『教育史研究最前線I』日本図書センター：一五一。
二〇一三　「アジアの文化・技術の流れの中の満洲教育史―日本の『国民教育』と『新教育』」、科研費基盤研究(B)(一般)「日本植民地・占領地教科書と『新教育』に関する総合的研究」(研究代表者：西尾達雄、二〇一〇～二〇一二年度、課題番号：22330207)。

辻本雅史
二〇〇七　「身体と教育」教育史学会編『教育史研究の最前線』日本図書センター。

土岐　哲
二〇〇一　「もうひとつの日本語コミュニケーション」『月刊日本語』七月号、アルク。

ドレイファス、ヒューバート・L／ポール・ラビノウ
一九九六　『ミッシェル・フーコー』山形頼洋・鷲田清一他訳、筑摩書房。

南部忠平記念陸上競技大会
HP　http://nambu-memorial.jp/info/（閲覧日　二〇一九年九月一日）

成田龍一ほか一〇名
　二〇一三　『新日本史A』実教出版、七四頁。
南洋群島教育會
　一九八二　『南洋群島教育史』青史社。
西尾達雄
　一九九四　「大正二年『学校体操教授要目』の教練教材に関する一考察」鳥取大学教育学部研究報告三六（二）、五五—六七頁。
　一九九五　「体育・スポーツの戦争責任——植民地朝鮮における体育政策を中心として」（陳述）アジアに対する日本の戦争責任を問う民衆法廷準備会編『体育・スポーツにみる戦争責任』樹花舎。
　二〇〇三　『日本植民地下朝鮮における学校体育政策』明石書店。
　二〇一五　「『植民地近代と身体』開催趣旨と概要」日本植民地教育史研究会第一七回研究大会シンポジウム『植民地教育史研究年報』一七号、皓星社。
西川富美男
　一九八三　『恐るべき細菌爆弾』西川富美男発行。
日本国語大辞典
　二〇〇六　精選版、小学館。
野村　章
　一九八九　「第二章『満洲』在住日本人子弟の教育制度と教科書——その成立から崩壊まで」磯田一雄ほか編『復刻　満洲官製教科書＝解説』ほるぷ出版。
　一九九五　野村章先生遺稿集編纂委員会『「満洲・満洲国」教育史研究序説　遺稿集』エムティ出版。
長谷川精一
　二〇〇七　『森有礼における国民的主体の創出』思文閣出版。
林　郁
　一九八三　『満州・その幻の国ゆえに——中国残留妻と孤児の記録』筑摩書房。
平田宗史

一九九九「わが国の運動会の歴史」吉見俊哉編『運動会と日本近代』青弓社。
廣井家太・森悌次郎
一九二七『現代の学校教練』東京目黒書店。
毎日新聞
二〇一八「マッカーサーに直談判、米軍動かす――忘れられた『奇跡の脱出』引き揚げ主導
丸山邦雄さん」（四月二七日付）。
松浪　稔
二〇一〇『身体の近代化』叢文社。
二〇一三「否定される身体／近代化される身体」瀬戸邦弘・杉山千鶴編『近代日本の身体表象』
森話社。
松本千代栄・香山知子
二〇一〇「明治期の舞踏的遊戯――その精神と技術の様相」舞踊文化と教育研究の会編『松本
千代栄撰集　第二期――研究編　三　舞踊教育史・比較舞踊学領域』明治図書出版。
宮脇弘幸
二〇〇六「南洋群島『国語読本』は何を語るか」植民地教育史研究年報四四。
宮脇弘幸監修
二〇〇六『南洋群島　国語読本　一～八』（復刻版）大空社。
文部省
一九九三『学校体育実技指導資料　第五集　体育（保健体育）における集団行動指導の手引（改
訂版）』。
文部省大臣官房文書課
一九四五　第一韓『終戦教育事務処理提要』。
矢野博史
二〇〇〇「身体」『教育思想事典』勁草書房。
山住正己
一九七〇『教科書』岩波新書。
山本一生

二〇二〇「満洲の子どもを『新教育』で育てる――教育雑誌『南満教育』の分析を通して」佐藤広美・岡部芳広編『日本の植民地教育を問う　植民地教科書には何が描かれていたのか』皓星社。
山本信良・今野敏彦
一九八六『大正・昭和教育の天皇制イデオロギーⅡ』新泉社。
山本正身
二〇一四『日本教育史――教育の「今」を歴史から考える』慶應義塾大学出版会株式会社。
吉岡数子
二〇〇二『「在満少国民」の二〇世紀――平和と人権の語り部として』解放出版社。
二〇二〇『「満州教育の種」を握って刻んだ八十八年の記録』（『遺書ファイル』）（非売品）扶桑印刷社。
吉田　裕・森　武麿・伊香俊哉・高岡裕之編
二〇一五『アジア・太平洋戦争辞典』吉川弘文館。
吉見俊哉
一九九三「運動会という近代――祝祭の政治学（日本の一九二〇年代〈特集〉）」『現代思想』二一（七）、青土社。
一九九四「運動会の思想――明治日本と祝祭文化」『思想八四五』。
陸軍省軍務局
一九二五『学校教練振作の指針』。
渡部宗助
二〇一三「植民地教育と『新教育』――その課題・対象・方法」、科研費基盤研究(B)（一般）「日本植民地・占領地教科書と『新教育』に関する総合的研究」（研究代表者：西尾達雄、二〇一〇～二〇一二年度、課題番号：22330207）。

〈テレビ番組―ドラマ〉

『テレビ未来遺産〝終戦六九年〟ドラマ特別企画　遠い約束――星になったこどもたち』（TBS、二〇一四年。DVD発行：TCエンタテインメント）。
　二四万五〇〇〇人もの命が散った満洲での出来事をもとに描いたものですが、伝染病で亡くなる直前まで九九《くく》を唱え、息絶えた男児の傍らには『カズノホン 四』がありました。

『どこにもない国』（NHK特集ドラマ、二〇一八年）
　国家から見捨てられた同胞を故郷に帰すため奔走する人々。複雑怪奇な国際情勢に翻弄されながら、奇跡とも言われた引き揚げはどのようにして実現に至ったのかを描いています。

〈テレビ番組―ドキュメンタリー〉

NHKスペシャル「村人は満州へ送られた――〝国策〟七一年目の真実」（NHK、二〇一六年）。
ETV特集　アンコール「告白――満蒙開拓団の女たち」（NHK、二〇一七年）。
ETV特集「彼らは再び村を追われた――知られざる満蒙開拓団の戦後史」（NHK、二〇一九年）。

著者紹介
北島順子（きたじま　じゅんこ）

1965年生まれ。

1992年、奈良教育大学大学院教育学研究科修士課程修了。修士（教育学）。

2011年、大阪府立大学大学院人間社会学研究科博士後期課程単位取得退学。

2019年度より神戸大学大学院国際文化学研究科博士課程後期課程在籍中。

専攻は教育史、身体教育学（ダンス教育・ダンスセラピー）、健康心理学。

現在、大手前短期大学教授。同志社大学嘱託講師、私設教科書総合研究所（大阪府堺市所在）共同主宰。

主著書として、『日本の植民地教育を問う　植民地教科書には何が描かれていたのか』（皓星社、2020年、共著）、『教科書が語る戦争』（大阪公立大学共同出版会、2015年、共著）、『靖国神社と歴史教育　靖国・遊就館フィールドノート』（明石書店、2013年、共著）。

論文として、「『満洲』における新教育・教科書にみる身体——スポーツに着目して」（『新世紀人文学論究』第4号　特別記念号、2021年）、「植民地教科書に見る身体と近代化」（『植民地教育史研究年報17』皓星社、2015年）、「近代教科書にみる『健康』・『体育』の思想（2）——国定教科書と日本植民地等（南洋群島）教科書の中の『運動会』に関する記述・記載の比較検証」（『IPHIGENEIA創刊号（通号：9号）』叢文社、2009年）など。

近代日本の植民地教育と「満洲」の運動会

2022年3月15日　印刷
2022年3月31日　発行

著　者　北島　順子

発行者　石井　雅
発行所　株式会社　風響社

東京都北区田端4-14-9（〒114-0014）
TEL 03（3828）9249　振替 00110-0-553554
印刷　モリモト印刷

ISBN987-4-89489-422-8　C0022